全国中等职业技术学校汽车类专业通用教材

Qiche　Weixiu　Jichu
汽车维修基础

（第二版）

毛兴中　主　编
李彦涛　刘荔涛　副主编

人民交通出版社股份有限公司
China Communications Press Co.,Ltd.

内 容 提 要

本书是全国中等职业技术学校汽车类专业通用教材,依据《中等职业学校专业教学标准(试行)》以及国家和交通行业相关职业标准编写而成。主要内容包括:机械传动,常用机构及轴系零件,液压传动与气压传动,金属材料,汽车燃料、润滑剂、工作液及非金属材料,共计5个单元。

本书供中等职业学校汽车类专业教学使用,亦可供汽车维修相关专业人员学习参考。

图书在版编目(CIP)数据

汽车维修基础 / 毛兴中主编. —2版. —北京:
人民交通出版社股份有限公司, 2016.8
　　ISBN 978-7-114-13169-1

　　Ⅰ. ①汽⋯　Ⅱ. ①毛⋯　Ⅲ. ①汽车—车辆修理—中等专业学校—教材　Ⅳ. ①U472.4

中国版本图书馆 CIP 数据核字(2016)第 149744 号

全国中等职业技术学校汽车类专业通用教材
书　　名:	汽车维修基础(第二版)
著　作　者:	毛兴中
责任编辑:	闫东坡　李　良
出版发行:	人民交通出版社股份有限公司
地　　址:	(100011)北京市朝阳区安定门外外馆斜街 3 号
网　　址:	http://www.ccpress.com.cn
销售电话:	(010)59757973
总 经 销:	人民交通出版社股份有限公司发行部
经　　销:	各地新华书店
印　　刷:	北京市密东印刷有限公司
开　　本:	787×1092　1/16
印　　张:	10.25
字　　数:	234 千
版　　次:	2004 年 9 月　第 1 版
	2016 年 8 月　第 2 版
印　　次:	2021 年 6 月　第 2 版　第 5 次印刷　累计第 18 次印刷
书　　号:	ISBN 978-7-114-13169-1
定　　价:	24.00 元

(有印刷、装订质量问题的图书由本公司负责调换)

第二版前言
FOREWORD

为适应社会经济发展和汽车运用与维修专业技能型紧缺人才培养的需要，交通职业教育教学指导委员会汽车（技工）专业指导委员会于2004年陆续组织编写了汽车维修、汽车电工、汽车检测等专业技工教材、高级技工教材及技师教材，受到广大中等职业学校师生的欢迎。

随着职业教育教学改革的不断深入，中等职业学校对课程结构、课程内容及教学模式提出了更高的要求。《教育部关于深化职业教育教学改革全面提高人才培养质量的若干意见》提出："对接最新职业标准、行业标准和岗位规范，紧贴岗位实际工作过程，调整课程结构，更新课程内容，深化多种模式的课程改革"。为此，人民交通出版社股份有限公司根据教育部文件精神，在整合已出版的技工教材、高级技工教材及技师教材的基础上，依据教育部颁布的《中等职业学校汽车运用与维修专业教学标准（试行）》，组织中等职业学校汽车专业教师再版修订了全国中等职业技术学校汽车类专业通用教材。

此次再版修订的教材总结了全国技工学校、高级技工学校及技师学院多年来的汽车专业教学经验，将职业岗位所需要的知识、技能和职业素养融入汽车专业教学中，体现了中等职业教育的特色。教材特点如下：

1. "以服务发展为宗旨，以促进就业为导向"，加强文化基础教育，强化技术技能培养，符合汽车专业实用人才培养的需求；

2. 教材修订符合中等职业学校学生的认知规律，注重知识的实际应用和对学生职业技能的训练，符合汽车类专业教学与培训的需要；

3. 教材内容与汽车维修中级工、高级工及技师职业技能鉴定考核相吻合，便于学生毕业后适应岗位技能要求；

4. 依据最新国家及行业标准，删除第一版教材中陈旧过时的内容，教材修订量在20%以上，反映目前汽车的新知识、新技术、新工艺；

5. 教材内容简洁，通俗易懂，图文并茂，易于培养学生的学习兴趣，提高学习效果。

《汽车维修基础》是汽车运用与维修专业课之一，主要内容包括：机械传动，常用机构及轴系零件，液压传动与气压传动，金属材料，汽车燃料、润滑剂、工作液及非金属材料，共计5个单元。

　　本书由陕西省交通技师学院毛兴中担任主编，李彦涛、刘荔涛担任副主编。编写分工是：李彦涛编写单元一、单元二、单元三，刘荔涛编写单元四、单元五。

　　限于编者经历和水平，教材内容难以覆盖全国各地中等职业学校的实际情况，希望各学校在选用和推广本系列教材的同时，注重总结教学经验，及时提出修改意见和建议，以便再版修订时改正。

编　者

2016 年 3 月

目 录
CONTENTS

单元一 机械传动 ·· 1
 课题一 带传动与链传动 ··· 1
 课题二 齿轮传动与蜗轮蜗杆传动 ·· 9
 课题三 轮系与减速器 ·· 15

单元二 常用机构及轴系零件 ·· 23
 课题一 平面连杆机构 ·· 23
 课题二 凸轮机构 ·· 29
 课题三 轴系零件 ·· 34

单元三 液压传动与气压传动 ·· 52
 课题一 液压传动 ·· 52
 课题二 气压传动 ·· 83

单元四 金属材料 ··· 89
 课题一 金属材料的力学性能 ·· 89
 课题二 碳素钢 ··· 93
 课题三 钢的热处理 ··· 97
 课题四 合金钢 ·· 103
 课题五 铸铁 ··· 109
 课题六 有色金属 ··· 114

单元五 汽车燃料、润滑剂、工作液及非金属材料 ···································· 122
 课题一 汽车用燃料 ·· 122
 课题二 汽车用润滑材料 ·· 132
 课题三 汽车制动液、液压油、防冻液与制冷剂 ·································· 144
 课题四 汽车用非金属材料 ··· 149

参考文献 ··· 155

单元一
机械传动

机械传动是动力传递中最基本的一种方式,它广泛应用于各类机械的动力传递之中,主要有皮带、链条、齿轮、螺杆以及蜗轮蜗杆等传动类型。本单元将介绍各类机械传动的基本形式、工作原理及应用。

课题一 带传动与链传动

一、带传动

带传动是利用带作为中间挠性体来传递运动和动力的。带传动主要由主动轮、从动轮和传动带等组成,如图1-1所示。

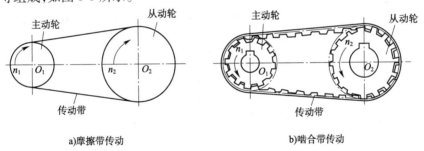

图1-1 带传动

(一)带传动的类型

按其工作原理将其分为摩擦带传动和啮合带传动。摩擦带传动靠带与带轮接触面上的摩擦来传递运动和动力;啮合带传动靠带齿与带轮之间的啮合来传递运动和动力。

1. 摩擦带传动

摩擦带传动按其截面形状分为平带、V带、多楔带、圆带等。

(1)平带传动。平带横截面为扁平矩形,带内表面与带轮接触。平带传动结构简单,带轮制造方便,平带质轻且挠曲性好,故多用于高速和中心距较大的转动。常用的平带为橡胶帆布带。

(2)V带传动。V带的横截面形状为等腰梯形,其工作面是与带轮槽相接触的两个侧面。由于正压力作用在楔形截面上,其摩擦力较大,能传递较大的功率,故V带传动在机械中得到广泛的应用。

(3)多楔带传动。多楔带是在平带基体下有若干纵向楔的传动带,其工作面为楔的侧面。多楔带可以取代若干根V带,柔性好、摩擦力大、能传递较大的功率,适用于传递功率较大且要求结构紧凑的场合。

(4)圆带传动。圆带的横截面形状为圆形,其传动能力较小,常用于小功率传动,如缝纫机、真空吸尘器、磁带盘的机械传动等。

2. 啮合带传动

啮合型带传动是利用带与带轮上的齿相互啮合来传递运动和动力,这类带传动为应用较广的同步带,如图1-1b)所示。同步带除具有摩擦型带传动的优点外,还具有传动能力大、传动比恒定、效率较高等优点。

在本课题中主要介绍平带和V带的传动形式。

(二)平带传动

1. 平带传动的原理及形式

平带传动是利用平带的挠性,张紧在主、从动轮上,依靠平带与带轮接触面之间的摩擦来传递运动和动力。其传动形式较多,常用的传动形式如表1-1所示。

常用平带传动形式及参数计算 表1-1

传动形式	开口式	交叉式	半交叉式
传动简图	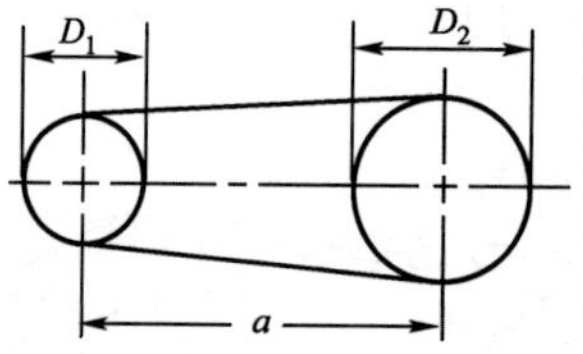	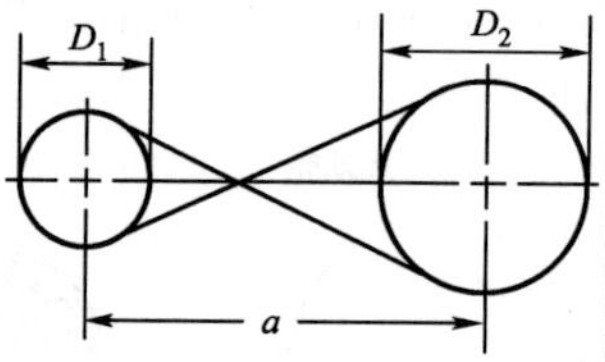	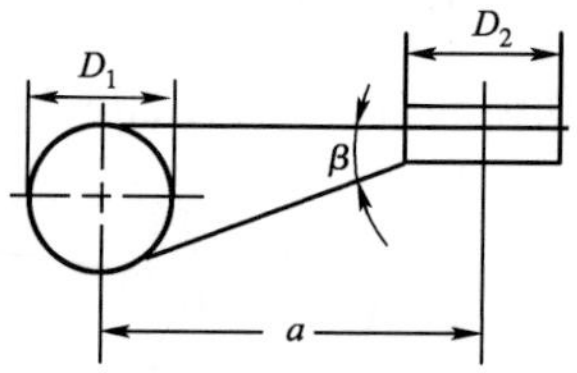
参数 — 小带轮包角	$\alpha \approx 180° - \dfrac{D_2 - D_1}{a} \times 60°$	$\alpha \approx 180° + \dfrac{D_2 + D_1}{a} \times 60°$	$\alpha \approx 180° + \dfrac{D_1}{a} \times 60°$
参数 — 平带计算长度	$L = 2a + \dfrac{\pi}{2}(D_2 + D_1) + \dfrac{(D_2 - D_1)^2}{4a}$	$L = 2a + \dfrac{\pi}{2}(D_1 + D_2) + \dfrac{(D_1 + D_2)^2}{4a}$	$L = 2a + \dfrac{\pi}{2}(D_1 + D_2) + \dfrac{(D_1^2 + D_2^2)}{2a}$
应用	用于两轴线平行且旋转方向相同的场合	用于两轴线平行且旋转方向相反的场合	用于两轴互不平行且空间垂直交叉的场合

2. 平带传动的主要参数

1)传动比 i

传动比是指主、从两带轮在与带的接触处没有相对滑动时的转速之比。即:

$$i_{12} = \dfrac{n_1}{n_2} = \dfrac{D_2}{D_1}$$

一般传动比 $i \leq 5$。

2) 带轮包角 α

带轮包角是指带与带轮接触弧长所对的中心角,用 α 表示。包角越小,接触弧越短,接触面的摩擦力越小,对传动效果的影响越大。为了保证有足够大的包角,要求 α≥120°。

3) 平带的几何长度 L

通过表1-1中平带计算长度公式计算出的结果,称为胶带的计算长度,其计算长度还应考虑实际使用中胶带的张紧量、悬垂量和胶带接头量等。

3. 平带的类型和接头形式

平带材料有橡胶帆布、皮革、棉布等各种类型,其接头形式有胶合、缝合、铰链带扣等,如图 1-2 所示。

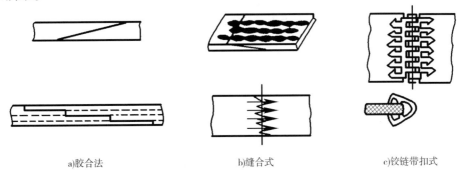

a) 胶合法　　　　　b) 缝合式　　　　　c) 铰链带扣式

图 1-2　平带的接头方法

(三) V 带传动

V 带传动是由一条或数条 V 带和 V 带轮组成的摩擦传动。V 带安装在相应的轮槽内,靠与轮槽两侧的摩擦传递动力。

1. V 带的结构与类型

V 带已标准化,是没有接头的环形带,截面为梯形,两个梯形侧面为工作面,其夹角 α = 40°。常用 V 带的主要类型有:普通 V 带、窄 V 带、宽 V 带、半宽 V 带等,采用的结构有帘布和线绳两种类型,如图 1-3 所示。

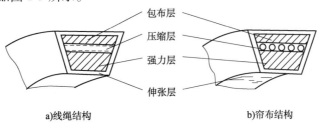

a) 线绳结构　　　　　b) 帘布结构

图 1-3　V 带的结构

2. 普通 V 带传动的主要参数

1) 普通 V 带的截面尺寸

普通 V 带分 Y、Z、A、B、C、D、E 七种型号,其截面形状如图1-4所示;截面尺寸如表1-2所示。Y 型 V 带的截面积最小,E 型 V 带的截面积最大。V 带的截面积越大其传递的功率也越大。

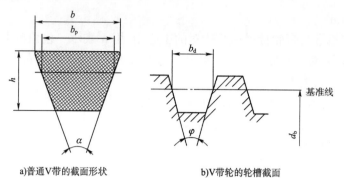

a) 普通V带的截面形状　　　b) V带轮的轮槽截面

图1-4　V带及带轮轮槽截面形状

普通 V 带的截面尺寸（mm）　　　　　　表1-2

型　号	节宽 b_p	顶宽 b	高度 h	楔角 α
Y	5.3	6.0	4.0	40°
Z	8.5	10.0	6.0	
A	11.0	13.0	8.0	
B	14.0	17.0	11.0	
C	19.0	22.0	14.0	
D	27.0	32.0	19.0	
E	32.0	38.0	25.0	

当 V 带垂直其底边弯曲时，在带中保持原长度不变的任意一条周线叫作 V 带的节线；由全部节线构成的面叫作节面。节宽 b_p 就是带的截面宽度，当 V 带垂直其底边弯曲时，该宽度保持不变。V 带横截面梯形轮廓的最大宽度叫作顶宽 b，梯形轮廓的高度叫作带的高度 h。带的高度与其节宽之比叫作带的相对高度 h/b_p。对于普通 V 带，其相对高度约为 0.7，V 带、半宽 V 带、宽 V 带的相对高度分别约为 0.9、0.5、0.3。

2）传动比 i

$$i_{12}=\frac{n_1}{n_2}=\frac{d_{p2}}{d_{p1}}$$

通常 $i \leqslant 7$。

式中：d_{p1}——小带轮的节圆直径，mm；

d_{p2}——大带轮的节圆直径，mm。

轮槽上与配用 V 带的节宽 b_p 尺寸相同的宽度叫作轮槽节宽 l_p。轮槽节宽处的带轮直径叫作节径（节圆直径）d_p。轮槽的节宽与基准宽度的位置不一定重合，因此，节径不一定等于基准直径。只有在 V 带的节面与带轮的基准宽度重合时，基准宽度才等于节宽。通常带轮的节圆直径可视为基准直径 d_d。

3）带的基准长度 L_d

带的基准长度是 V 带在规定的张紧力下，位于测量带轮基准直径上的周线长度。

GB/T 13575.1—2008《普通和窄 V 带传动 第 1 部分：基准宽度制》对普通 V 带的基准长度 L_d 系列作了具体规定。

3. 普通 V 带传动的选用

与平带传动比较，普通 V 带传动平稳、不易振动、摩擦力大，传递功率的大。选用普通 V

带传动时,首先根据所需传递的功率和主动轮的转速选择普通 V 带的型号、V 带的根数,其次选用带轮基准直径 d_d,并保证 $d_d \geq d_{dmin}$,然后确定带的基本长度 L_d,进行各项验算。

(1)两带轮直径要选用适当。如小带轮直径太小,则 V 带在带轮上弯曲严重,传动时弯曲应力大,影响 V 带的使用寿命。

(2)普通 V 带的线速度应验算并限制在 2~5m/s。V 带的线速度越大,V 带作圆周运动时,所产生的离心惯性力也越大,这使 V 带拉长,V 带与带轮之间的压力减小,导致摩擦力减小,降低传动时的有效圆周力。但 V 带的线速度也不宜过小,因为速度过小,在传递功率一定时,所需有效圆周力过大,会出现打滑现象。

(3)V 带传动的中心距要适当。中心距过大,传动时会引起 V 带颤动;中心距过小,小带轮包角小,使摩擦力减小而影响传递的有效拉力。此外,由于单位时间内 V 带在带轮上挠曲次数增多,使 V 带容易疲劳,影响 V 带的寿命。

4. 普通 V 带的正确使用及维护

为了延长 V 带的寿命,保证传动的正常运转,V 带传动必须正确使用和维护。

(1)保证 V 带在轮槽中的正确位置,如图 1-5 所示。

(2)主、从带轮轴的中心线要保持平行,否则,会使 V 带在传动工作时发生扭曲和产生早期磨损,如图 1-6 所示。

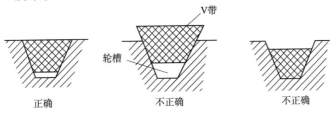

图 1-5 V 带在轮槽中的位置

(3)最好在缩小中心距后安装 V 带,不要硬撬,以免将带损坏。

(4)V 带张紧度要合适,一般在中等中心距下,以大拇指能压下 15mm 左右为合适,如图 1-6 所示。

(5)要定期检查、调整 V 带,必要时更换 V 带,各根 V 带长度应一致,传动时受力要均匀。

(6)为保证安全生产,带传动应加设防护罩。

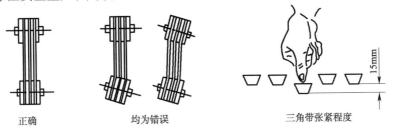

图 1-6 带轮位置和张紧程度

(四)带传动的张紧装置

带传动长期在拉力作用下工作,会使带的长度增加、张紧力减小,导致传动能力降低,为了保证带传动正常工作,必须调整带的张紧度。带传动张紧装置一般采用调整中心距和张紧轮两种方法。

1. 调整中心的方法

一般在水平、垂直或接近水平、垂直的带传动中,利用调整螺钉的方法达到调整中心距的目的,如图1-7所示。

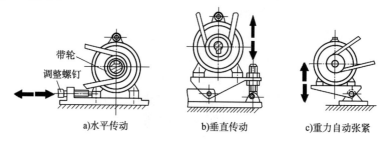

图1-7　安装张紧轮的方法

2. 调整中心距的方法

在中心距不能调整的情况下,利用张紧轮调整张紧度。在平带传动中,张紧轮安放在靠近小带轮处的松边外侧,在张紧的同时还可增大小带轮的包角,提高传动能力;在V带传动中,张紧轮安放在靠近大带轮的松边内侧,如图1-8所示。

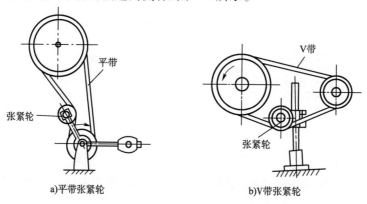

图1-8　张紧轮的安装方法

二、链传动

链传动是由装在两根平行轴上的主、从动链轮和绕在链轮上的链条组成,依靠中间挠性件的啮合传递动力,如图1-9所示。

(一)链传动的特点及类型

链传动与带传动相比较,具有以下特点:

(1)链传动是啮合传动,能保持平均传动比不变,但瞬时传动比不是定值,所以工作时有振动、冲击和噪声,高速传动时更为明显。

(2)链传动中多齿同时啮合,能传递较大功率,传动效率较高,一般可达 $0.95\sim0.97$。

(3)能在温度较高、湿度较大的环境中工作。

(4)张紧力小,轴上受力小。

(5)制造、安装精度要求高,成本也高。

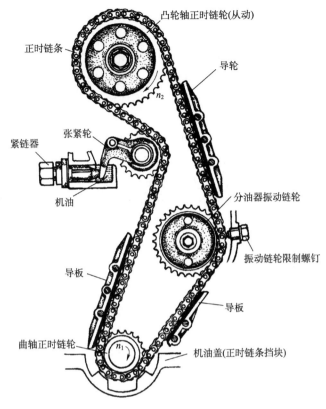

图 1-9 链传动的组成

(二)套筒滚子链

套筒滚子链由内链板、外链板、销轴、套筒及滚子组成,如图 1-10 所示。

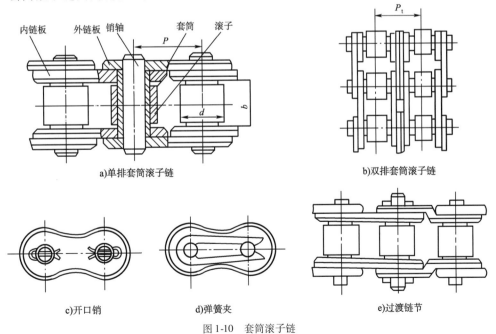

a)单排套筒滚子链　　　　　　　　b)双排套筒滚子链

c)开口销　　d)弹簧夹　　e)过渡链节

图 1-10 套筒滚子链

内链板与套筒、外链板与销轴分别用过盈配合连接而成为内、外链节,滚子与套筒、套筒与销轴之间为间隙配合形成动连接。传动时,内、外链节可相对挠曲,套筒则绕销轴自由转动,同时,滚子沿链轮齿廓滚动,能够减小链条和链轮轮齿间的磨损,以使链板各横截面的抗拉强度大致相等,并减轻链条的质量和惯性力,内、外链板均制成"∞"字形。

在传递较大功率时,链传动外廓尺寸加大,为不使链传动尺寸过大,可采用小节距的双排链或多排链。链条的承载能力与排数成正比,为了使各排链受载均匀,排数不宜过多,常用的有双排或三排链。链条的长度以链节数来表示,链节数最好取偶数,链条连成环形时,恰好与内外链板相连接。如链节数取奇数时,需采用过渡链节,如图1-10所示。

链条的各零件是用经过热处理的碳素钢和合金钢制成,以提高其强度和耐磨性。链条是标准件,链条相邻两销轴中心的距离称为链节距 P,它是链条的重要参数,链节距越大,链条各零件的尺寸就越大,所能传递的功率也越大。

表1-3列出了GB/T 1243—2006规定的滚子链的基本参数和尺寸。由于国际上几乎所有国家的链节距均用英制单位,因而在我国的链条标准中,节距也采用英制折算成米制的单位。表中的链号乘以25.4/16即为节距值,后缀为A的传动链是源于美国的标准,后缀为B的传动链是源于英国的标准。这两种滚子链已经覆盖了世界上大多数国家生产的滚子链,在我国也已经生产多年。

滚子链的标记为:"链号 – 排数×整链链节数 标准号"。

例如:节距为15.875mm的A系、双排、80节的滚子链,其标记为:

$$10A\text{-}2\times 80$$

滚子链的主要尺寸和极限拉伸载荷 表1-3

链号	链节距 p (mm)	滚子外径 d	销轴直径 d	内链节内宽 b	内链节外宽 b	排距 p_1	单排链单位长度质量 g (kg·m^{-1})	极限拉伸载荷(单排) F_{11} (m/kN)
08A	12.70	7.95	3.96	7.85	11.18	14.38	0.6	13.8
10A	15.875	10.16	5.08	9.40	13.84	18.11	1.0	21.8
12A	19.05	11.91	5.94	12.57	17.75	22.78	1.5	31.1
16A	25.40	15.88	7.92	15.75	22.61	29.29	2.6	55.6
20A	31.75	19.05	9.53	18.90	27.46	35.76	3.8	86.7
24A	38.10	22.23	11.10	25.22	35.46	45.44	5.6	124.6
28A	44.45	25.40	12.70	25.22	37.19	48.87	7.5	169
32A	50.80	28.58	14.27	31.55	45.21	58.55	10.10	222.4
40A	63.50	39.68	19.84	37.85	54.89	71.55	16.10	347

(三)齿形链

齿形链有齿形链板、导板、套筒和销轴等组成,如图1-11所示。根据导向形式不同分为内导式和外导式两种。齿形链传动平稳,传动比准确,噪声小(又称无声链),承载能力大,耐冲击,工作可靠,允许链速较高。但齿形链结构复杂,质量较大,装拆较困难。其对安装及维护要求较高,制造和使用成本较高。齿形链多用于高速传动且对运动精度要求较高的闭式传动场合,如机床的主传动和发动机的正时轮等。

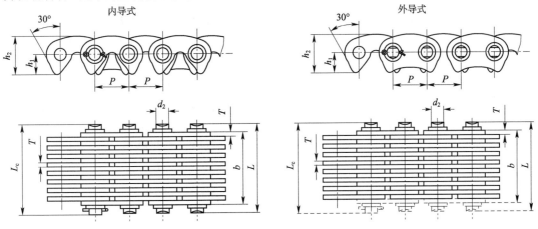

图1-11 齿形链

GB/T 10855—2016 对传动用齿形链的基本参数和尺寸做了具体的规定,共有7个链号、56种规格。表1-4列出了齿形链各链号及其节距尺寸。

传动用齿形链的链号和节距(mm)　　　　表1-4

链号	CL06	CL08	CL10	CL12	CL16	CL20	CL24
节距 P	9.525	12.70	15.875	19.05	25.40	31.75	38.10

齿形链的标记实例:节距 $P=12.7$mm,链宽 $b=22.5$mm,导向形式为外导形式,60个链节的齿形链。其标记为 CL08-22.5W-60GB 10855。

(四) 链轮

套筒滚子链所用的链轮,是按 GB/T 1243—2006 规定,用标准刀具加工的标准齿形。小直径的链轮制成整体式;中等尺寸的链轮制成孔板式;大直径链轮常采用焊接式或组合式,齿圈和轮毂采用焊接或螺栓连接,如图1-12所示。

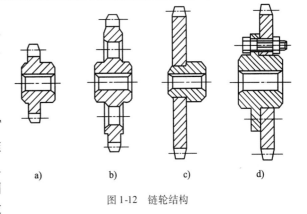

图1-12 链轮结构

课题二　齿轮传动与蜗轮蜗杆传动

一、齿轮传动

齿轮传动可用来传递空间任意两轴间的运动和动力,以及改变运动的速度和形式,它是现代机械传动中应用最广的传动方式之一。

在本课题中,以渐开线直齿圆柱齿轮组成的传动为重点,介绍齿轮传动的特点、渐开线齿轮各部分的名称和重要参数、渐开线齿轮的啮合特性。

(一)齿轮传动的特点与类型

齿轮传动是由主动齿轮与从动齿轮组成的齿轮副来传递运动和动力的传动装置。两齿轮轴线的相对位置不变,并各绕其自身的轴线转动,如图1-13所示。当一对齿轮相互啮合而工作时,主动轮 O_1 的轮齿 $1'、2'、3'……$ 通过啮合点法向力的作用逐个地推动从动轮 O_2 的轮齿 $1'、2'、3'……$ 使从动轮转动,从而将主动轮的动力和运动传递给从动轮。

在图1-13所示的一对齿轮中,设主动齿轮的转速为 n_1,齿数为 z_1,从动轮的转速为 n_2,齿数为 z_2。若从动轮转过 n_2 圈时,则转过的齿数应为 $z_2 n_2$,由于两轮转过的齿数应相等,即 $z_1 n_1 = z_2 n_2$。由此可得一对齿轮的传动比为:

$$i_{12} = \frac{n_1}{n_2} = \frac{z_2}{z_1}$$

说明传动比 i_{12} 就是主动齿轮与从动齿轮转速(角速度)之比,与其齿数成反比。

一对齿轮的传动比不宜过大,否则,会使齿轮结构尺寸过大,不利于制造和安装。通常一对圆柱齿轮的传动比 $i_{12} = 5 \sim 8$。

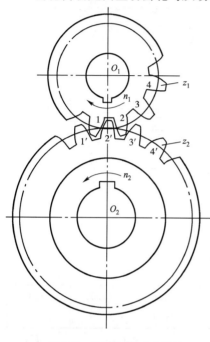

图1-13 齿轮传动的基本原理

1. 齿轮传动的特点

(1)传递功率和速度范围大。

(2)传动效率高(效率 $\eta = 0.92 \sim 0.99$)。

(3)结构紧凑、工作可靠,能实现较大的传动比,传动较平稳。

(4)齿轮的制造和安装精度要求高,成本也高。

2. 齿轮传动的类型

齿轮传动是机械传动中最主要的一种传动方式,应用非常广泛。

如图1-14所示,按照齿轮传动的结构特点和使用要求可分为用于两轴平行的传动的直齿圆柱齿轮传动、斜齿圆柱齿轮传动、人字齿轮传动、齿轮齿条传动、内啮合齿轮传动;用于两轴相交的传动的直齿圆锥齿轮传动、斜齿圆锥齿轮传动、曲齿圆锥齿轮传动;用于两轴交叉(不平行、不相交)的传动的螺旋齿轮传动、双曲面圆锥齿轮传动、蜗轮蜗杆传动。

按齿廓曲线的形状可分为渐开线齿轮传动、摆线齿轮传动和圆弧齿轮传动。其中渐开线齿轮传动因加工和安装较方便,应用最多;摆线齿轮传动在仪表中用的较多;圆弧齿轮传动多用于受力大的机械上,如汽车的驱动桥等。

按齿轮传动的工作条件可分为闭式和开式齿轮传动:如汽车的变速器、驱动桥、转向器等齿轮多在箱内工作,属于闭式齿轮传动;如旋臂式折板机、卷板机、某些汽车修理设备等齿轮大多外露在空间工作,属于开式齿轮传动。

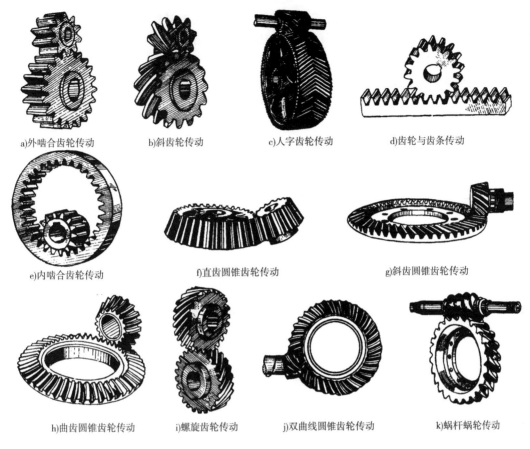

图 1-14 齿轮传动类型

（二）渐开线齿廓的啮合特性

1. 渐开线的形成

如图 1-15 所示，以定长 r_o 为半径，画一个圆，这个圆称为基圆，r_b 为基圆半径。直线 AB 与基圆相切，称为发生线。使发生线 AB 沿着基圆作无滑动的纯滚动，在发生线 AB 上任意点 K 的轨迹 CKD，称为该基圆的渐开线。即在平面上，发生线沿着一个固定的基圆作纯滚动时，发生线上一点的轨迹，称为该圆的渐开线。渐开线齿轮的齿廓由两条对称的渐开线组成。

2. 渐开线齿廓的啮合特点

（1）传递压力方向不变。当一对渐开线齿轮啮合时，啮合点一定沿着两轮基圆的内切线移动，由于两基圆同侧内公切线只有一条，根据渐开线的性质，故齿廓之间传递的压力一定沿着内公切线的方向，即传递压力方向不变，从而使传动平稳。

（2）保证顺势传动比的恒定。经研究得出：两渐开线齿轮的瞬时传动比等于两轮基圆的半径的反比。当一对渐开线齿轮制成后，两轮的基圆半径 r_{b1}、r_{b2} 已经确定，因此，一对渐开线齿廓的瞬时传动比为一常数，即能保证瞬时传动比恒定。

（3）中心距的可分性。由于制造与安装误差、轴承磨损等会导致中心距的微小变化，即中心距会产生一定的误差。但由于两轮的瞬时传动比只与两轮的基圆半径有关,因此,中心距的变化不会改变瞬时传动比。因此,渐开线齿轮的这一特点,给齿轮制造、安装带来很大方便。

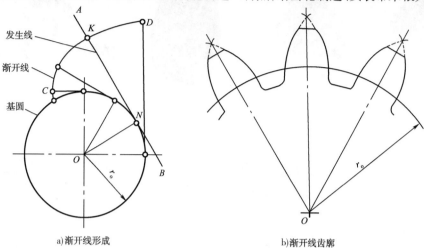

图 1-15 渐开线的形成

(三)直齿圆柱齿轮的基本参数

图 1-16 中标出了标准圆柱齿轮各部分的名称和参数。齿轮的主要参数是决定齿轮形状和尺寸的依据,主要参数有压力角、模数、齿数。

1. 压力角 α_k

渐开线上各点的压力角均不相等,轮齿齿厚和齿槽相等的圆称为分度圆,分度圆上的压力角已标准化,标准值 $\alpha_k = 20°$。汽车变速器齿轮采用的压力角分别是:20°、14.5°、15°、16°、17.5°、22.5°、25°等。如桑塔纳轿车变速器齿轮的压力角为 17.5°。

2. 模数 m

模数是齿距 t 除以圆周率 π 所得的值,单位为 mm。模数越大,轮齿尺寸越大,轮齿承载能力越强,如图 1-17 所示。

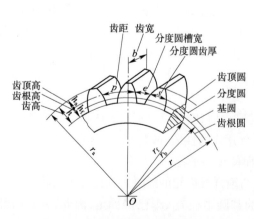

图 1-16 标准圆柱齿轮各部分名称

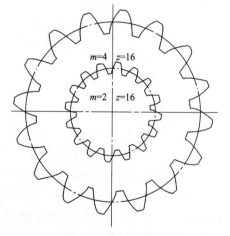

图 1-17 不同模数的齿轮

设分度圆直径为 d,齿距为 t,齿数为 z,则分度圆的周长为 $\pi d = zt$,分度圆直径 $d = z\pi = $

zm。式中 π 为除不尽的无理数,在制造和测量时很不方便,所以人为地规定模数 m 和分度圆直径 d 为有理数的整数倍,使模数标准化。我国目前采用的 GB/T 1357—2008 标准系列,如表 1-5 所示。齿轮模数越大,抗弯曲能力越大。一般轿车、轻便货车变速齿轮 $m = 2.5 \sim 3.5$;中型货车 $m = 3.5 \sim 4.5$;重型货车 $m = 4.5 \sim 6$。

标准模数系列表(mm)   表 1-5

第一系列	0.1	0.12	0.15	0.2	0.25	0.3	0.4	0.5	0.6	0.8	1	1.25	1.5	2	2.5	3	4	5
	6	8	10	12	16	20	25	32	40	50								
第二系列	0.35	0.7	0.9	1.75	2.25	2.75	(3.25)	3.5	(3.75)	4.5	5.5	(6.5)	7	9	(11)			
	14	18	22	28	36	45												

注:选用模数时,应优先选用第一系列,括号中模数尽可能不用。

3. 齿轮的齿数 z

当模数一定时,齿数越多,齿轮尺寸越大,轮齿渐开线曲率半径越大,齿廓越平直。

二、蜗杆传动

(一)概述

蜗杆传动是由蜗轮与蜗杆组成,用来传递两轴间运动和动力的机构。通常,蜗轮与蜗杆轴线在空间上成 90°交错,蜗杆为主动件,蜗轮为从动件,如图 1-18 所示。

蜗杆与螺纹一样,有单头、多头及左旋、右旋之分。根据蜗杆形状的不同,蜗杆又可分为圆柱蜗杆传动(图 1-19a)、环形面蜗杆传动(图 1-19b)、锥蜗杆传动等。按加工方法的不同,圆柱蜗杆又分为阿基米德蜗杆和渐开线蜗杆。阿基米德蜗杆螺旋面的形成与螺纹的形成相同,如图 1-20 所示在垂直于蜗杆轴线的截面上,齿廓为阿基米德螺旋线。由于阿基米德蜗杆制造简便,故应用较广。

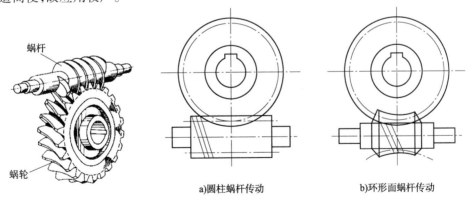

图 1-18 蜗杆传动　　图 1-19 蜗杆传动的类型

(二)螺旋方向与旋转方向的判定

蜗杆蜗轮有左旋、右旋之分,判定方法采用右手法则。如图 1-21 所示,伸开右手,手心对着自己,4 个手指指向蜗杆或蜗轮的轴线方向,齿向与右手大拇指指向一致,为右旋蜗杆或蜗轮,反之为左旋蜗杆或蜗轮。

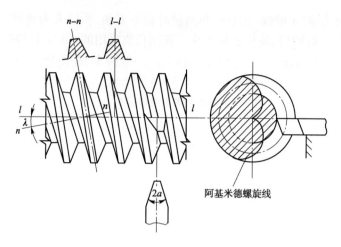

图 1-20　阿基米德圆柱蜗杆

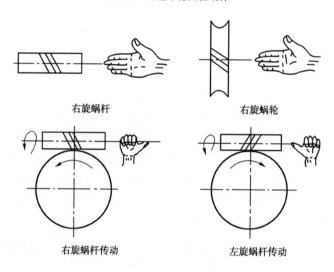

图 1-21　蜗杆蜗轮旋向、蜗轮转向的判定

如图 1-21 所示,蜗轮的旋转方向不但与蜗杆的旋转方向有关,而且与蜗杆的螺旋旋向有关。判定方法是:当蜗杆是右旋(或左旋)时,伸出右手(或左手),用四指顺着蜗杆的旋转方向握拳,与大拇指的指向相反,为蜗轮的旋转方向。

(三)蜗杆传动的特点和应用

与齿轮传动相比,蜗杆传动有以下特点。

(1)传动比大,较准确。

(2)由于蜗杆的齿是连续的螺旋形,故工作平稳,噪声小。

(3)具有自锁功能,在提升重物时可任意停留在空间,不会脱落。

(4)传动效率低,连续工作时要有良好的润滑和散热措施。

(5)蜗杆磨损严重,为减少磨损,采用较贵重的青铜来提高效率和延长使用寿命。

(6)即使是相同模数的蜗轮和蜗杆也不能任意互换啮合。

课题三 轮系与减速器

一、轮系

为了适应不同条件下的运行,汽车需要有多个变速挡位,仅靠一对齿轮啮合传动远远不能满足要求,因此,需有多对齿轮啮合传动,这种由一系列齿轮组成传递运动的系统称为轮系。

(一)轮系的分类

轮系的结构形式很多,根据轴线位置相对机架是否固定可分为定轴轮系、周转轮系和混合轮系。

1. 定轴轮系

定轴轮系有平面与空间之分,在本课题中,主要介绍平面定轴轮系。各齿轮的轴线均为固定不变的轮系称为定轴轮系,如图1-22所示。

定轴轮系传动比是指在轮系中首、末两轮的转速之比。对于轴线互相平行的定轴轮系,若有奇数对外啮合齿轮,用负值传动比,表示首、末两轮转向相反;若有偶数对外啮合齿轮,用正值传动比,表示首、末两轮转向相同。即:

$$定轴轮系传动比 = (-1)^m \frac{从动齿轮齿数连乘积}{主动齿轮齿数连乘积}$$

式中:m——齿轮外啮合对数。

在定轴轮系中啮合齿轮的轴线若互不平行,如蜗杆传动、圆锥齿轮传动等,其传动比大小的计算方法不变,首末两轮的转向不能用正负值来表示,只能在图上用箭头依次来表示。

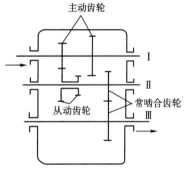

图1-22 定轴轮系

2. 周转轮系

至少有一个齿轮的轴线是绕另一个定轴齿轮的轴线回转的轮系称为周转轮系,如图1-23所示。周转轮系一方面绕自身的轴线O_2转动,另一方面在转臂H的带动下绕固定轴O_1的定轴齿轮转动。如何识别周转轮系,关键是看轮系中有没有某一齿轮的轴线是绕另一固定的轴线转动。

周转轮系是由行星轮、太阳轮、转臂(又称系杆)3个基本构件组成,如图1-24所示。周转轮系又可分为行星轮系和差动轮系,在周转轮系中,有固定不动太阳轮的,称为行星轮系;没有固定不动太阳轮的,称为差动轮系。

在周转轮系机构中,因为有同时自转和公转的行星轮及绕另一固定轴转动的系杆,所以计算周转轮系各构件之间的传动比,就不能直接利用定轴轮系传动比的方法进行计算。

为了找到计算转速和传动比的方法,先把周转轮系中转动的系杆转化为固定杆,即在系杆转向反方向加"$-n_H$",如图1-25所示,这样周转轮系中的轴都变为固定轴线,假想为定轴轮系。在此条件下就可采用定轴轮系传动比的计算方法进行计算。这种方法称为转化机构法。

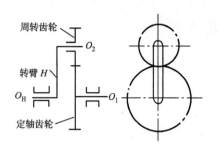
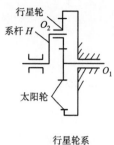

图 1-23 周转轮系　　　　图 1-24 行星与差动轮系

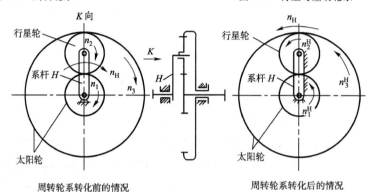

图 1-25 周转轮系转化机构

1)机构转化前、后各轮转速及各轮转速之间的关系

转化前各轮转速为：n_1、n_2、n_3、n_H

转化后各轮转速为：$n_1^H = n_1 - n_H$，$n_2^H = n_2 - n_H$，$n_3^H = n_3 - n_H$

系杆为固定杆：$n_H^H = n_H - n_H = 0$

2)传动比的计算

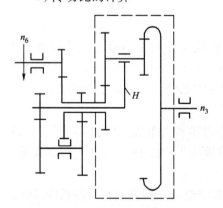

图 1-26 混合轮系

注：虚线外——定轴轮系；虚线内——周转轮系。

轮系中由若干个齿轮组成，并有 m 对外啮合，则转化后任意两个主、从动轮之间的传动比为：

$$i_{1K}^H = \frac{n_1^H}{n_K^H} = \frac{n_1 - n_H}{n_K - n_K} = (-1)^m \frac{\text{所有从动轮齿轮的连乘积}}{\text{所有主动轮齿轮的连乘积}}$$

应用上式就可求得周转轮系中任意两构件的传动比。

3. 混合轮系

既有定轴又有周转的轮系称为混合轮系，如图 1-26 所示。

(二)轮系的应用特点

在实际应用中，轮系具有以下特点。

(1)可以实现较大的传动比。

(2)可以实现远距离传动，如汽车发动机输出转速要经过一系列的减速才能传递到车轮上。

(3)可以实现变速与变向,汽车行驶的快慢、前进与倒退等都是轮系作用的结果。

(4)可以实现运动合成与分解,如汽车发动机曲轴的转动,其通过轮系一方面将运动传递到凸轮轴等部位,另一方面由飞轮将运动传递到车轮。

二、减速器

(一)减速器的作用和类型

减速器是应用于原动机和工作机之间的独立传动装置。其主要功能是降低转速、增大转矩,以便带动大转矩的工作机。减速器的类型很多并且大多数产品已标准化,按其结构特点可分为圆柱齿轮减速器、圆锥—圆柱齿轮减速器、蜗杆—圆柱齿轮减速器、行星齿轮减速器四大类。

(二)减速器的结构和应用

1. 减速器的结构

图 1-27 为单级圆柱齿轮减速器结构示意图。它由传动零件、轴和轴承、连接零件、箱体及其附件所组成。传动零件、轴和轴承、连接零件将在其他课题中介绍,本课题只介绍箱体及减速器附件的相关内容。

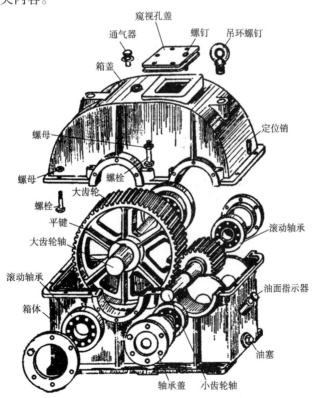

图 1-27 减速器结构

1)箱体

减速器箱体是用以支承和固定轴系零件,保证传动件的啮合精度、良好润滑及密封的重要零件。箱体为剖分式结构,通常分为箱座和箱盖两部分,其剖分面通过传动件的轴线。这种箱体制造、装拆比较方便,应用十分广泛。

2)附件

减速器在使用过程中需要检查和维护,通常应设置一些附件。

(1)窥视孔和窥视孔盖。窥视孔开在机盖顶部,便于观察齿轮的啮合情况,并可用于注入减速器润滑油。

(2)通气器。通常装在机盖上部或窥视孔盖板上,以便使机体内热胀气体自由逸出。

(3)吊环螺钉或吊钩。为了拆装和搬运,在减速器上装有吊环螺钉或在机体上铸有吊钩。

(4)油标或油面指示器。用来检查油面高度,常设在便于观察油面及油面稳定的低速传动件附近。

(5)起盖螺钉。为便于拆卸箱盖,常在箱盖侧边凸缘上设置1~2个起盖螺钉,起盖时拧入此螺钉,即可将机盖顶起。

(6)定位销。为保证轴承孔的装配精度,在剖面凸缘两端各设一个圆锥定位销,两销距离尽可能远一些,以提高定位精度。

(7)放油螺塞。机座下部设有放油孔,用以排出污油。

2. 减速器的特点及应用

减速器的特点及应用见表1-6。

减速器的特点及应用　　　　　　　　　　　　　　　　　表1-6

类别	齿形	级数和布置形式		传动简图	传动比	特点及应用
圆柱齿轮减速器	渐开线齿廓(有直齿、斜齿和人字齿)、圆弧齿廓(有斜齿和人字齿)	单级	水平轴	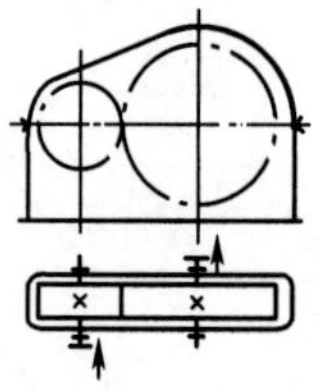	调质齿轮 $i≤7.1$;淬硬齿轮 $i≤6.3$ ($i≤5.6$较好)	效率高,工艺简单,精度容易保证。轴线可作成水平布置、上下布置或铅垂布置。直齿用于 $v≤8m/s$ 的低速传动或轻载传动中;斜齿可用于高速 (v 可达 $50m/s$)传动中;人字齿用于大型重载减速器中
			立轴	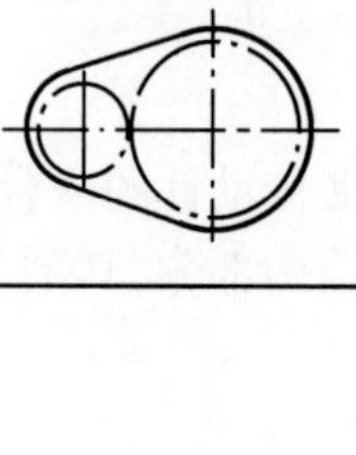		

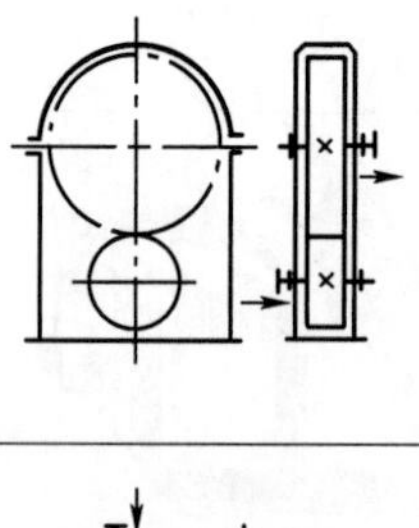

续上表

类别	齿形	级数和布置形式	传动简图	传动比	特点及应用
圆柱齿轮减速	渐开线齿廓(有直齿、斜齿和人字齿)、圆弧齿廓(有斜齿和人字齿)	两级 展开式	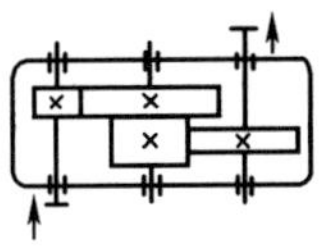	调质齿轮 $i=7.1\sim50$；淬硬齿轮 $i=7.1\sim31.5$($i=6.3\sim20$ 较好)	齿轮相对于轴承位置不对称，因此，当轴产生弯曲变形时，载荷沿齿宽分布不均，则要求轴有较大刚度。它是二级减速器中结构最简单，应用最广泛的一种
		两级 分流式	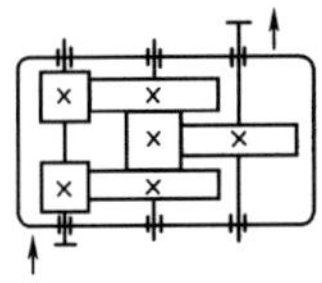	$i=7.1\sim50$	高速级为对称布置的左、右旋斜齿轮，低速级可采用人字齿或直齿。载荷沿齿宽分布均匀。用于较大功率、变载场合
		两级 同轴式	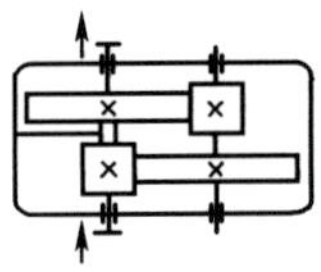	调质齿轮 $i=7.1\sim50$；淬硬齿轮 $i=7.1\sim31.5$	输入轴和输出轴布置在同一轴线上，长度方向尺寸减小，轴向尺寸加大，中间轴较长，刚性较差。当传动比分配适当时，二级大齿轮浸油深度大致相同轴线可以水平、上下、铅垂布置
		三级 展开式	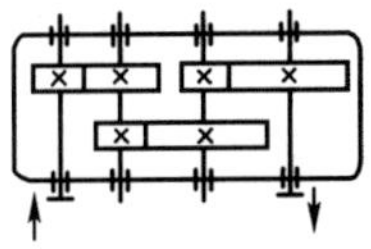	调质齿轮 $i=28\sim315$；淬硬齿轮 $i=28\sim180$($i=22.5\sim100$ 较好)	同两级展开式
		三级 分流式	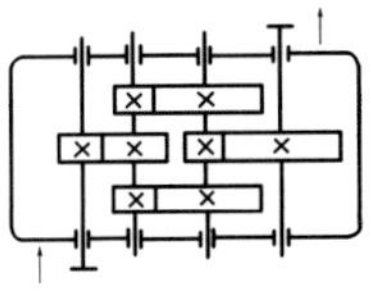	$i=28\sim315$	同两级分流式
行星齿轮减速器	NGW型行星齿轮减速器	渐开线齿廓，多为直齿，有时用人字齿	单级	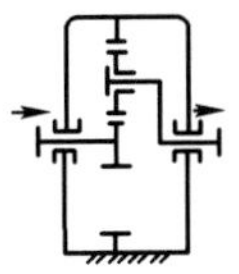 $i=2.8\sim12.5$	与普通圆柱齿轮减速器比较，体积和质量可减少50%左右，效率提高3%，但结构较复杂，制造精度要求高。广泛用于要求结构紧凑的动力传动中
			两级	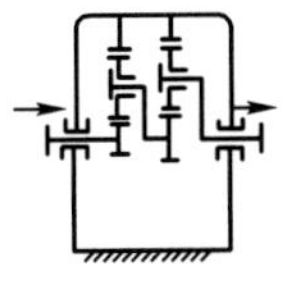 $i=14\sim160$	

19

续上表

类别	齿形	级数和布置形式	传动简图	传动比	特点及应用
少齿差减速器	渐开线	N形少齿差 单线		$i = 10 \sim 160$	传动比范围大,结构紧凑;齿形易加工,装拆方便;平均效率90%。行星轮的中心轴承受径向力较大
		三环减速器 单线		$i = 11 \sim 99$	传动比范围大,若组合为二级三环减速器传动比可达9801;结构紧凑、体积小、噪声低、过载能力强;承载能力高,输出转矩可达400kN·m;使用寿命长;零件类型少,造价低;派生系列多,适用性强
行星齿轮减速器	渐开线	刚轮固定波发生器主动柔轮输出 单线		$i = 50 \sim 500$ (含柔轮固定波发生器主动刚轮输出)	传动比范围大;零件少,体积小,比一般齿轮减速器体积和质量减少20%~25%;承载能力大,传动效率高,当$i = 100$时,$\eta = 90\%$,$i = 400$时,$\eta = 80\%$,制造工艺复杂
		波发生器固定柔轮主动刚轮输出 单线		$i = 1.00 \sim 1.02$	
摆线针轮减速器	短幅外摆线	单线		$i = 11 \sim 87$	传动比大,若两级$i = 121 \sim 7500$;传动效率高,$\eta = 0.9 \sim 0.94$;传动平稳,噪声小,结构紧凑,体积小,过载和耐冲击力强,寿命长;制造工艺复杂,需要专门机床加工

续上表

类别	齿形	级数和布置形式	传动简图	传动比	特点及应用
圆锥、圆锥—圆柱齿轮减速器	直齿、斜齿、曲齿	单级		直齿 $i \leq 5$ 曲齿、斜齿 $i \leq 8$ 淬硬齿轮 $i \leq 5$	输入轴与输出轴轴线垂直相交,制造、安装复杂,成本高,仅在设备布置需要时才选用。有水平式和立式
		两级		直齿 $i = 6.3 \sim 31.5$ 曲齿、斜齿 $i = 8 \sim 40$ 淬硬齿轮 $i = 5 \sim 16$	特点同单级。圆锥齿轮应放高速级,否则加工困难。圆柱齿轮可为直齿或斜齿
		三级		$i = 35.5 \sim 160$ 淬硬齿轮 $i = 18 \sim 100$	同两级圆锥—圆柱齿轮减速器
蜗杆、蜗杆—圆柱齿轮减速器	阿基米德螺旋线蜗杆、圆弧齿圆柱蜗杆(尼曼蜗杆)、锥面包络圆柱蜗杆	单级	蜗杆下置式	$i = 10 \sim 80$	蜗杆布置在蜗轮的下边,有利于啮合处及蜗杆轴承处的润滑,但当蜗杆圆周速度较高时,搅油损失大,一般用于蜗杆圆周速度 $v < 5 \text{m/s}$ 的场合
			蜗杆上置式		蜗杆布置在蜗轮的上边,装拆方便,但蜗杆轴承润滑不方便。一般用于蜗杆圆周速度 $v > 5 \text{m/s}$ 的场合
	直廓环面蜗杆、平面包络环面蜗杆、平面二次包络环面蜗杆	两级	蜗杆侧置式	$i = 5 \sim 100$	蜗杆放在蜗轮侧面,蜗轮轴是竖直的。对蜗轮输出轴处密封要求高。一般用于水平旋转机构的传动
			两级蜗杆减速器	$i = 43 \sim 3600$	传动比大,结构紧凑,但效率低,为使高速级和低速级传动浸油深度大致相等,可取 $$a_1 \approx \frac{a_2}{2}$$ 式中:a_1——高速级中心距; a_2——低速级中心距

续上表

类别	齿形	级数和布置形式	传动简图	传动比	特点及应用
蜗杆、蜗杆—圆柱齿轮减速器	环面蜗杆	直廓环面蜗杆、平面包络环面蜗杆、平面二次包络环面蜗杆 两级	蜗杆—齿轮减速器	$i = 50 \sim 250$	蜗杆在高速级,传动效率比齿轮在高速级高
			齿轮—蜗杆减速器	$i = 15 \sim 480$	齿轮在高速级、结构紧凑,为使高速级和低速级传动浸油深度大致相等,可取 $$a_1 \approx \frac{a_2}{2}$$ 式中:a_1——高速级中心距; a_2——低速级中心距

单元二
常用机构及轴系零件

课题一　平面连杆机构

机构是由构件组成的并具有确定的相对运动,主要用于传递和转变运动的形式。平面连杆机构是常用的一种传动机构,各构件呈杆状,杆件间采用铰链连接,而且为面接触,压力小、磨损小、承载能力大。本课题主要介绍平面连杆机构的组成、应用和特点。

一、平面运动副及其分类

(一)构件和运动副

构件和运动副是机构最基本的组成部分,它们的运动性质和结构形式直接影响机构的运动。图2-1所示为内燃机主体部分。其中汽缸、活塞、连杆、曲轴组成曲柄滑块机构,能将活塞的往复运动转换成曲轴的连续转动。汽缸、活塞、曲轴都是构件。构件是由零件组成,组成构件的零件之间不能产生相对运动,是刚性连接,是运动的单元体。它可以是单一零件,如内燃机的曲轴,也可以是由若干个零件组成的刚性整体,如内燃机的连杆。由这些构件组成机构时,每个构件都以一定的方式与其他构件相互连接。这种连接特点允许两个构件间存在着一定的相对运动。两个构件直接接触而又产生一定相对运动的连接称为运动副。

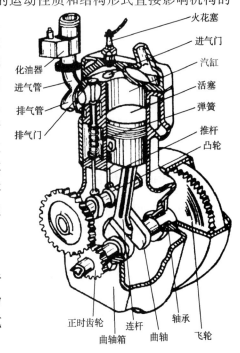

图2-1　单缸汽油发动机

(二)平面运动副及其分类

构件之间的相对运动均在同一平面或互相平行的平面内称为平面机构。平面机构中的运动副称为平面运动副,如图2-2所示。运动副根据接触方式可分为低副和高副。

1. 低副

两个构件之间是以面接触组成的运动副称为低副,它又可分为移动副、转动副和螺旋副。

(1)移动副:两个构件组成运动副后,在接触处只允许做相对移动的运动副称为移动副。

(2) 转动副：两个构件组成运动副后，在接触处只允许作相对转动的运动副称为转动副。

(3) 螺旋副：两个构件组成运动副后，在接触处只允许作一定关系转动和移动的复合运动的运动副称为螺旋副。

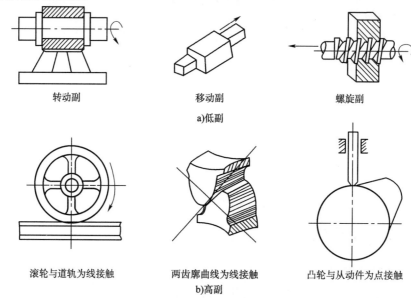

图 2-2 运动副类型

2. 高副

两个构件之间是以点或线相接触组成的运动副称为高副。

低副和高副由于接触部分的几何特点不同，因此，在使用上也具有不同的特点。低副的接触平面一般是平面或圆柱面，容易制造和维修，承受载荷时的单位面积压力较小，但低副是滑动摩擦，摩擦损失会引起效率较低。高副由于是点或线的接触，在承受载荷时的单位面积压力较大，构件接触处容易磨损，制造和维修较困难，但高副能传递较复杂的运动。

二、平面连杆机构

在同一平面或互相平行的平面内，有若干构件用低副连接而成的机构称为平面连杆机构。平面连杆机构中的构件大多数为杆状，因此常称其为杆。最常用的是四杆组成的四杆机构。

（一）铰链四杆机构的组成

当平面四杆机构中的运动副都是转动副时，可称其为铰链四杆机构，如图 2-3 所示。

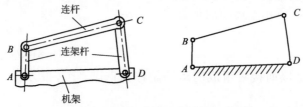

图 2-3 四杆机构

在铰链四杆机构中,起固定作用的构件称为机架;机构中与机架用低副相连的构件称为连架杆;不与机架相连的构件称为连杆。图 2-3 中,构件 AD 为机架,构件 BC 为连杆,构件 AB 和 CD 为连架杆。连架杆按其运动特性又可分为摇杆和曲柄。

摇杆:同机架用转动副相连但只绕该转动副轴线摆动的构件。

曲柄:同机架用转动副相连且绕该转动副轴线做圆周运动的构件。

(二)铰链四杆机构的基本类型

1. 曲柄摇杆机构

若两个连架杆中,一个为曲柄,另一个为摇杆,则此铰链四杆机构称为曲柄摇杆机构。曲柄摇杆机构是平面连杆机构中最基本的形式,常用于砂轮机、牛头刨床的横向进给机构等,如图 2-4 所示。

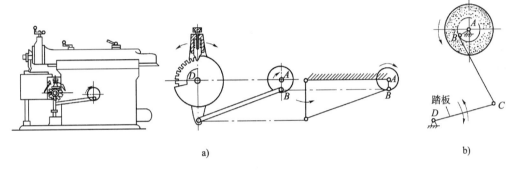

图 2-4 曲柄摇杆机构的应用

2. 双曲柄机构

若两个连架杆均为曲柄,则此铰链四杆机构称为双曲柄机构,双曲柄机构有不等长双曲柄机构和等长双曲柄机构。如图 2-5 所示。

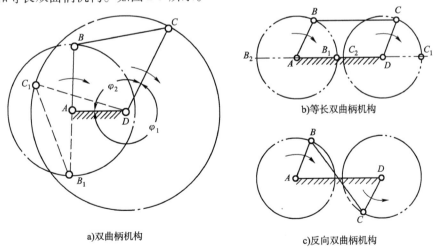

a)双曲柄机构　　b)等长双曲柄机构　　c)反向双曲柄机构

图 2-5 双曲柄机构

在双曲柄机构中,应用最多的是正平行四边形机构。其相对应的两杆长度分别相等,而形成一个平行四边形,如图 2-6 所示。双曲柄机构常用于机车车轮联动机构、天平机构、汽车车门的开闭机构等。

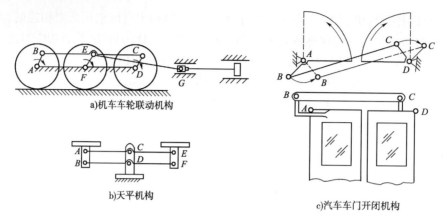

a) 机车车轮联动机构

b) 天平机构

c) 汽车车门开闭机构

图 2-6 双曲柄机构的应用

3. 双摇杆机构

若两个连架杆均为摇杆,则此铰链四杆机构称为双摇杆机构,如图 2-7 所示。

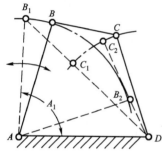

图 2-7 双摇杆机构

图 2-8a) 为起重机的变幅机构。当摇杆摇动时,可以使悬挂在连杆 BC 延长部分的吊钩能近似在水平线上移动。图 2-8c) 为汽车转向机构,应用了两个摇杆长度相等的双摇杆机构。汽车转弯时,由于与两个前轮连接的两摇杆摆动的角度 β 和 α 不相等,如果在转弯的任意位置都能使两个前轮的轴线交点 P 落在后轮轴线的延长线上,使整个车身绕 P 点转动,4 个车轮都作纯滚动,则可避免轮胎滑动磨损。

(三)四杆机构的演化及应用

在曲柄摇杆机构、双曲柄机构、双摇杆机构中,改变某些构件形状、相对长度或选择不同构件作为机架等,可以演变成其他形式的机构,下面介绍几种常用的演化机构。

1. 曲柄滑块机构

在曲柄摇杆机构中,当摇杆 CD 的长度趋向无穷大,而连杆的长度为有限值时,摇杆就变成了沿直线导轨往复运动的滑块,成为曲柄滑块机构,如图 2-9 所示。

在曲柄滑块机构中,如以曲柄 AB 为主动件,作圆周运动时,由连杆 BC 带动滑块 C 作往复运动;相反以滑块 C 为主动件,作往复直线运动时,由连杆 BC 带动曲柄 AB 连续作圆周运动。其滑块行程等于曲柄长度的两倍,即 $S = 2r$。

曲柄滑块机构在机械传动机构中应用很多,如图 2-10 所示,为曲柄滑块机构在压力机和内燃机中的应用。

2. 导杆机构

导杆机构是改变曲柄滑块机构中的固定件演化来的,如图 2-11 所示。

当杆 1 作为机架时,即可得到导杆机构。杆 2 通常为主动件,杆 4 为导杆,滑块 3 可相对导杆 4 滑动。当杆 1 长度小于杆 2 的长度时,杆 2 与杆 4 均可作圆周运动,称为转动导杆机构。当杆 1 大于杆 2 时,杆 4 只能做往复摆动,称为摆动导杆机构。导杆机构常用于牛头刨床、插床和旋转油泵中。

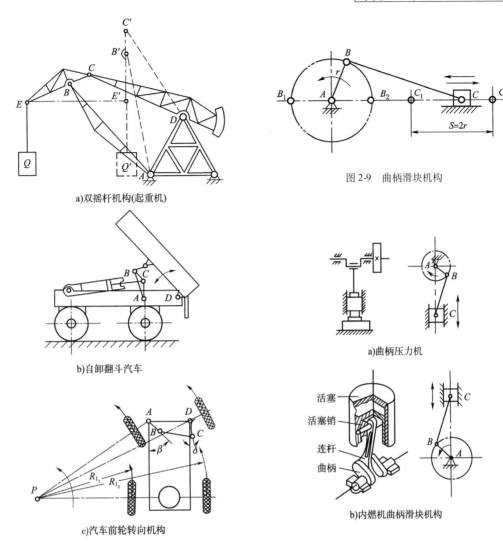

图 2-8 双摇杆机构的应用

图 2-9 曲柄滑块机构

图 2-10 曲柄滑块机构的应用

当杆 2 作为机架时,即可得到如图 2-12 所示的摆动滑块机构,这种机构一般是以杆 1 或杆 4 为主动件。当杆 1 作为转动或摆动时,杆 4 相对滑块 3 滑动并一起绕 C 点摆动。当杆 4 作主动件在滑块 3 中移动时,杆 1 即绕 B 点转动或摆动。自动卸料装置常用此机构,如图 2-13 所示。

当滑块 3 作为机架时,即可得到如图 2-14 所示的固定滑块机构。一般取杆 1 为主动件,使杆 2 绕 C 点摆动,而杆 4 仅相对于滑块 3 作往复移动,这种机构常用于水泵和油泵,如图 2-15 所示。

(四)四杆机构的运动特性

1. 曲柄存在的条件

铰链四杆机构是否存在曲柄,取决于机构各杆的相对长度和机架的选择。铰链四杆机构中,若构件的长度和机架的选择满足下列关系时,机构中一定有曲柄存在:连架杆和机架中必有一杆为最短杆;最短杆与最长杆长度之和小于或等于其余两杆长度之和。

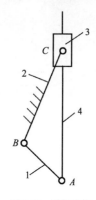
图2-11 导杆机构

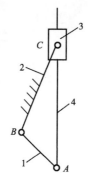
图2-12 摆动滑块机构

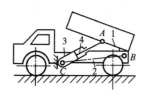
图2-13 自动卸料装置

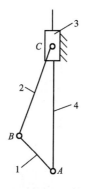
图2-14 固定滑块机构

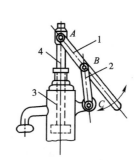
图2-15 水机泵

当满足曲柄存在的条件时:取最短杆为连架杆,得曲柄摇杆机构;取最短杆为机架,得双曲柄机构;取最短杆为连杆,得双摇杆机构。

当铰链四杆机构中各杆长度关系不满足曲柄存在的条件时,无论取哪个构件为机架,均不存在曲柄,只能得到双摇杆机构。

2. 急回特性

如图2-16所示的曲柄摇杆机构,设曲柄AB为主动件,摇杆CD为从动件。当曲柄AB处于AB_1位置时,摇杆CD处于左边极限位置C_1D,当曲柄AB处于AB_2位置时,摇杆CD处于右边极限位置C_2D 两极限位置时,AB、BC共线,两次共线之间所夹的锐角θ称为极位夹角。

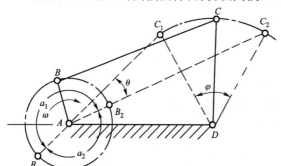
图2-16 曲柄摇杆机构

当曲柄以等角速度ω顺时针转过α_1的角度时,摇杆CD从C_1D摆至C_2D,设所经过的时间为t_1而C点的平均速度为v_1;当曲柄继续转过α_2角度时,摇杆从C_2D的位置摆回到C_1D,其经过的时间为t_2,C点的平均速度为v_2。因此由图2-16中知道,$\alpha_1 = 180° + \theta$,$\alpha_2 = 180° - \theta$,而曲柄的角速度ω为常数,所以$t_1 > t_2$,$v_2 > v_1$。由此可知,当曲柄作等速回转时,摇杆来回摆动的角速度不同,在摆回时具有较大的平均角速度,这就是摇杆的急回特性,在机械中常用机构的急回特性,来缩短空行程的时间,提高生产率。而 v_2 与 v_1 的比值称为这个四杆机构的行程速比系数,以 K 表示。

$$K = \frac{v_2}{v_1} = \frac{C_1C_2/t_2}{C_2C_1/t_1} = \frac{t_1}{t_2} = \frac{\alpha_1}{\alpha_2} = \frac{180° + \theta}{180° - \theta}$$

K 值的大小表示机构急回作用是否明显,说明机构工作行程与空回行程快慢相差的程度。

机构的行程速比系数 K 与极位夹角 θ 的关系为:

$$\theta = 180° \times \frac{K-1}{K+1}$$

当 $\theta = 0$ 时,$K = 1$,说明该机构无急回特性。
当 $\theta > 0$ 时,说明该机构有急回特性。

3. "死点"位置

在图 2-16 所示的曲柄摇杆机构中,如以摇杆 CD 为主动件时,当摇杆 CD 在两极限位置 C_1D、C_2D,连杆 BC 与曲柄 AB 两次重合为一直线时,若不计铰链中的摩擦和各杆的质量,摇杆作用在曲柄的力一定是通过曲柄的回转中心 A 点,不会产生力矩,不能使曲柄转动,机构出现"卡死"现象。所以在机械上为了保证机构连续正常运转,如内燃机上的曲柄连杆机构,在曲轴上安装飞轮是利用飞轮的惯性,帮助连杆和曲轴重合时能越过"死点"位置,使曲轴连续地工作。再如图 2-17 所示的夹具,在四杆机构中是用"死点"的

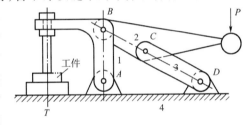

图 2-17 "死点"位置的应用

特性来夹紧工件的。当夹具由手柄加力 P,使铰链中心 B、C、D 处于同一直线上,工件被夹紧,这样去掉外力 P,也能可靠地夹紧工件。当需要松开工件时,必须向上扳动手柄,才能松开夹紧的工件。

课题二 凸轮机构

凸轮机构是机械行业中常用的一种机构,凸轮机构是通过凸轮与从动件之间的高副接触来传递运动和动力的,其广泛应用于汽车、自动化及半自动化机器控制系统中,例如发动机的配气机构。

一、凸轮机构的应用

如图 2-18 所示为内燃机配气机构。当主动件凸轮匀速转动时,其曲线轮廓通过与从动件气门的底部接触,使气门有规律的开启和闭合。

如图 2-19 所示绕线机中用于排线的凸轮机构,当绕线轴转动时,经过齿轮带动凸轮转动(凸轮与齿轮固定在一起),驱动从动件往复摆动,从而使线均匀地缠绕在绕线轴上。

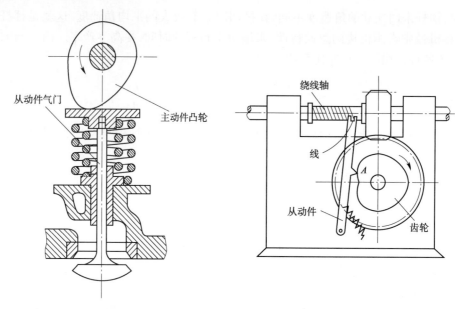

图 2-18 内燃机配气机构　　　　图 2-19 绕线机构

如图 2-20 所示为自动车床靠模机构,拖板带动从动件沿靠模凸轮的轮廓运动,刀刃可加工出如图所示的手柄。

如图 2-21 所示为自动送料机构,带有凹槽的凸轮驱使凹槽中的从动件做往复直线运动,凸轮每转一周,从动件就送出一个坯料到加工位置。

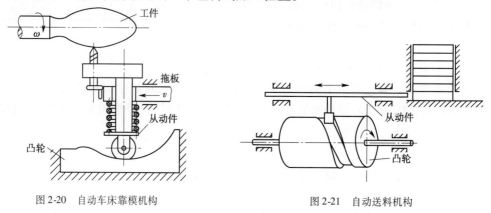

图 2-20 自动车床靠模机构　　　　图 2-21 自动送料机构

二、凸轮机构的组成与分类

(一)凸轮机构的组成

凸轮机构有凸轮、从动杆、机架 3 个部分组成,凸轮为主动件,作定轴等速转动,从动件随凸轮轮廓的变化得到不同运动规律,作往复运动或摆动,如图 2-22 所示。

其工作特点如下:

(1)凸轮机构结构简单紧凑,只需改变凸轮的外廓形状,就可改变推杆的运动规律,容易实现复杂运动的要求,应用较广泛。

(2)凸轮外廓与推杆是点接触或线接触,易于磨损,多用在传递动力不大的场合。

(3)凸轮机构可以高速起动,动作准确可靠。

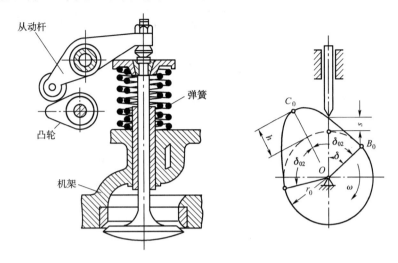

图 2-22 凸轮机构

(二)凸轮机构的类型及应用特点

凸轮机构的类型很多,一般按凸轮形状和从动件的形式分类。

1. 按凸轮形状分

按凸轮形状分,有盘形、圆柱、移动式 3 种,如图 2-23 所示。

(1)盘形凸轮结构简单,适用于推杆行程较短的传动中,应用较广。

(2)圆柱凸轮可用在推杆行程较长的场合。

(3)移动凸轮的凸轮作往复直线运动,推杆在同一平面作往复运动。

a)盘形凸轮　　b)圆柱凸轮　　c)移动凸轮

图 2-23 凸轮形状分类

2. 按从动件形式分

按从动件形式分,有尖顶式、滚子式、平底式 3 种,如图 2-24 所示。

(1)尖顶式从动件构造简单,但易于磨损,只适用于作用不大、低速的场合。

(2)滚子式从动件,由于滚子与凸轮轮廓之间为滚动摩擦,所以磨损小,常用于传递较大动力的场合,应用较广。

(3)平底式从动件,由于凸轮对推杆的作用力始终垂直于推杆的底面,所以受力平稳,而且凸轮与平底接触面间容易形成油膜,润滑较好,常用于高速传动。

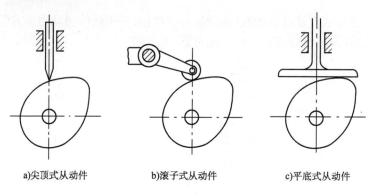

图 2-24　凸轮从动件形状分类

a)尖顶式从动件　　b)滚子式从动件　　c)平底式从动件

三、凸轮机构的有关参数

1. 凸轮的基圆

在如图 2-25 所示的凸轮机构中,从动件处于最低位置时,尖顶在 a 点,以凸轮的最小半径 $r_0 = Oa$ 所做的圆称为基圆,r_0 称为基圆半径。

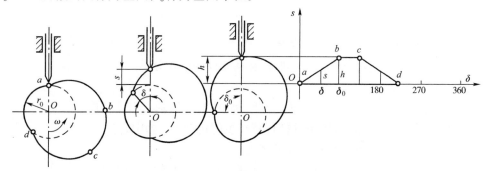

图 2-25　凸轮机构的 s—δ 曲线

2. 凸轮机构从动件的行程

如图 2-25 所示,当凸轮逆时针方向转过一个角度 δ 时,从动件上升一段距离,产生的位移为 s,当凸轮转过 δ_0 时,从动件到达最高位置,此时从动件的最大升距称为行程(又称为导程),用 h 表示。凸轮转过的角度称为转角,用 δ 表示。

3. 凸轮机构的转角位移曲线

将凸轮转角 δ 与从动件位移 s 的关系用曲线表示,此曲线称为从动件的位移曲线,即 s—δ 曲线。从图 2-25 可以看出,从动件的位移 s 是随凸轮转角 δ 和时间 t 变化的。因此当凸轮以等角速 ω 转动时,从动件的位移 s、速度 v 和加速度 a 的变化规律,都是凸轮轮廓决定的。

4. 压力角

如图 2-26 所示,从动件接触于凸轮轮廓线上 A 点处,从动件运动方向 v 与从动件法向受力方向(N—N)之间的夹角,称为凸轮机构在该点的压力角,用 α 表示。

凸轮将从动件的作用力 P 分解成两个分力:$P_1 = P\cos\alpha$,$P_2 = P\sin\alpha$。从两个分力来看,P_1 是推动从动件上移的有效力,P_2 是有害分力,其使从动件的上移摩擦力增大。P_1、P_2 的大

小与压力角 α 有关系,当 α 增大时,P_1 减小,P_2 增大。当压力角增大到某一极限值时,从动件将会发生卡死现象。为了保证从动件顺利地运行,规定压力角 α 最大值的范围:移动式从动件在推程时 α≤30°;摆动式从动件在推程时 α≤45°,回程时 α≤80°。

四、凸轮机构从动件运动规律

1. 等速运动规律

所谓等速运动规律就是从动件在上升或下降时的运动速度为一常数的运动规律。

如图 2-27 所示,凸轮作等角速度转动,当它的角度从 0 增加到 $δ_0$ 时,从动件以速度 v 等速地从起点位置上升到最高位置,其行程(推程)为 h,回程类同。从位移曲线图中可知道,位移和转角成正比关系,所以从动件等速运动位移曲线

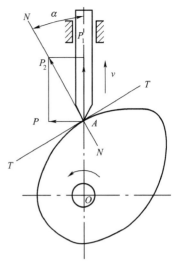

图 2-26 凸轮机构的压力角

(s—$δ$ 曲线)为一条斜直线(推程和回程),从动件由静止开始然后以速度 v 上升运动,产生一次冲击,同样从动件上升到最高点时,立即转为下降运动,又产生一次冲击,这种冲击称为刚性冲击,随着凸轮的连续转动,从动件将周期性地产生刚性冲击。所以作等速运动规律的凸轮机构,只适用于低速转动和从动件质量小的场合。

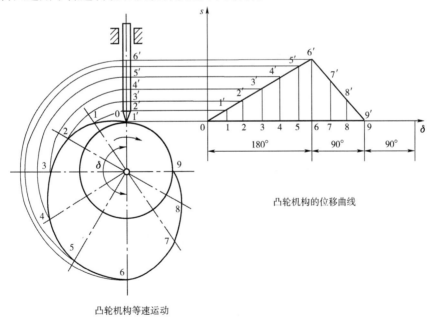

凸轮机构等速运动

图 2-27 凸轮机构等速运动规律的位移曲线

2. 等加速等减速运动规律

所谓等加速等减速运动规律就是从动件在整个行程中分为两段,前半段 $h/2$ 为等加速上升,后半段 $h/2$ 为等减速上升。它的位移曲线如图 2-28 所示,由于位移是转角的二次函数关系,所以位移曲线为一条抛物线。当凸轮顺时针转动时,从动件等加速运动上升后,变为

等减速运动上升,到达全行程最高点时,上升的速度趋于零,而后转入回程。在从动件的整个运动过程中,速度没有发生突变,避免了刚性冲击。但是从动件在上升行程中,前、后半段由加速过渡到减速,在转折点处引起惯性力的突变,会使凸轮机构发生柔性冲击,所以这种运动规律只适用于凸轮为中低速转动,从动件质量不大的场合。

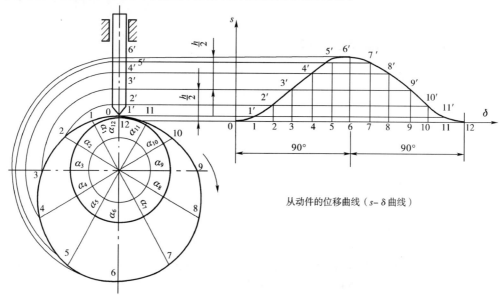

图 2-28　凸轮机构等加速等减速运动规律

课题三　轴系零件

一、键连接

键是标准件,在机械中应用广泛。键主要用来连接轴与轴上零件,以实现周向固定和传递转矩。它属于可拆零件,连接结构简单、工作可靠,拆装方便。

(一)键连接的类型

键连接的类型如图 2-29 所示。

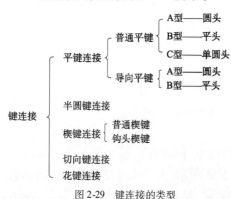

图 2-29　键连接的类型

(二)应用特点

(1)如图 2-30 所示,普通平键主要靠键的侧面传递转矩,对中性好,拆装方便,适用于高速、高精度和承受变载冲击的场合,但不能使轴上零件轴向定位。

(2)如图 2-31 所示,导向平键用螺钉固定在轴上,键与轮毂槽是动配合,轴上零件能在轴上移动。为了拆装方便,在键的中部有一个起键螺钉。导向平键常用于零件在轴上经常有相对移动的场合。

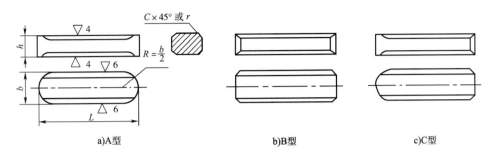

图 2-30 平键的类型

(3) 半圆键连接如图 2-32 所示,工作时主要靠键两侧工作传递转矩。键为半圆形,可在轴槽中绕槽底圆弧摆动,能自动适应轮毂的装配。半圆键键槽较深,削弱轴的强度,只能适用于轻载或锥形轴端。

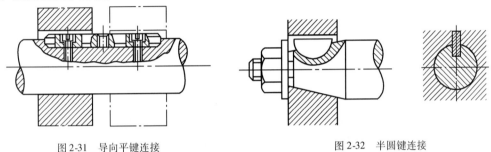

图 2-31 导向平键连接　　　　　图 2-32 半圆键连接

(4) 如图 2-33 所示,楔键分为普通楔键和钩头楔键,其上、下面是工作面,键的上表面和轮毂槽底面的斜度均为 1∶100,装配时靠楔紧作用传递工作转矩。钩头楔键的钩头为拆装所用,应加装保护罩。因楔键打装时会使轴心与轮毂孔圆心分离,轴毂的同心度破坏,所以楔键只用在对同心度要求不高,载荷平稳和低速的连接。

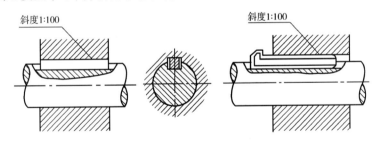

图 2-33 楔键连接

(5) 如图 2-34 所示,切向键由两块普通楔键组成,一个切向键只能传递单向转矩。在传递双向转矩时,需用两个互成 120°～135°的切向键,这样会大大削弱轴的强度,所以切向键只用在载荷小、对中要求不高的连接。

(6) 花键连接就是轴与轮毂孔周向均布的凸齿和凹槽构成的周向固定或连接,花键连接的承载能力高,定心和导向都好,对轴的削弱较小,适用于载荷较大和对同心精度要求高的场合,在汽车驱动轴上普遍使用。按花键齿形不同可分为矩形齿花键,渐开线齿形花键和三角形齿花键,如图 2-35 所示。

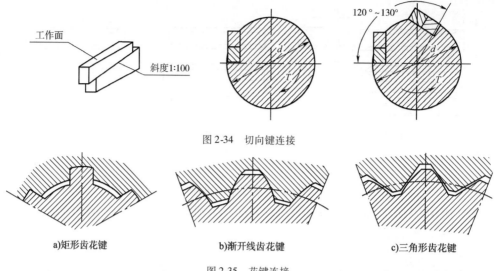

图 2-34 切向键连接

a) 矩形齿花键　　b) 渐开线齿花键　　c) 三角形齿花键

图 2-35 花键连接

(三) 平键的选用

1. 平键的标准

普通平键和键槽尺寸都已有标准规定(GB/T 1095—2003 和 GB/T 1096—2003)。平键的主要尺寸为宽度、高度和长度,普通平键可用这3个尺寸来标记。如:圆头普通平键(A型),标记为:键 16×100GB 1096—79(A 型字母 A 可省略);平头普通键(B型),标记为:键 B16×100GB 1096—79;单圆头普通平键(C型),标记为:键 C16×100GB 1096—79。

2. 平键的选用

选用平键时主要根据轴的直径,通过查阅有关手册,选定键的截面尺寸。键长一般按轮毂的长度确定,即键长要略短于轮毂的长度,但一定要符合键长的标准系列。轮毂的长度一般取 $1.5d \sim 2d$,d 为轴径,参阅表 2-1。

普通平键和键槽的尺寸　　　　表 2-1

轴	键	键 槽				
公称直径 d	公称尺寸 $d \times h$	轴槽深 t		毂槽深 t_1		L 系 列
		公称	偏差	公称	偏差	
自 6~8	2×2	1.2		1		
>8~10	3×3	1.8		1.4		
>10~12	4×4	2.5	+0.1	1.8	+0.1	
>12~17	5×5	3.0	0	2.3	0	
>17~22	6×6	3.5		2.8		
>22~30	8×7	4.0		3.3		6,8,10,12,14,16,18,20,22,
>30~38	10×8	5.0		3.3		25,28,32,36,40,45,50,56,63,
>38~44	12×8	5.0		3.3		70,80,90,100,110,……
>44~50	14×9	5.5		3.8		
>50~58	16×10	6.0	+0.2	4.3	+0.2	
>58~65	18×11	7.0	0	4.4	0	
>65~75	20×12	7.5		4.9		
>75~85	22×14	9.0		5.4		

二、销连接

销连接主要有三方面的用途:一是用来固定零件之间的相互位置,其销称为定位销,它是组合加工和装配时的重要辅助零件;二是用于轴与轮毂或其他零件的连接,并传递不大的载荷(图2-36),其称为连接销;三是用做安全装置中的过载剪断元件,其销称为安全销。大多数销是标准件,用35、45钢制成。

定位销通常不承受载荷或承受很小的载荷,但要注意,同一接合面上的定位销数目不得少于两个,否则不起定位作用。连接销要等受载荷(如承受剪切和挤压载荷等作用)。

销的主要类型有圆柱销、圆锥销、槽销、弹性圆柱销。除槽销外其他均已标准化。圆柱销利用微量过盈固定在铰制的销孔中,如果多次装拆就会松动,失去定位的精确性和连接的紧固性。圆锥销具有1:50的锥度,在受横向力时能自锁;靠锥的挤压作用固定在铰光的锥孔中,定位精度比圆锥销高,且多次拆装对定位精度影响较小,故圆锥销铰圆柱销应用广泛。内螺纹圆锥销如图2-37a)所示,螺尾圆锥销如图2-37b)所示,可用于销装拆困难的场合,开尾圆锥销如图2-37c)所示,可保证销在冲击、振动或变载荷情况下不松脱。槽销如图2-38a)所示,沿其圆柱或圆锥的母线方向开有沟槽,通常开三条沟,用弹簧钢滚压或模锻而成,槽销压入销孔后,其凹槽压缩变形,故可借材料的弹性固定在销孔中,安装槽销的孔不需要精确加工,槽销制造简单,可多次装拆,并适用于受振动载荷的连接。弹性圆柱销如图2-38b)所示,是由弹簧钢带制成的纵向开缝的圆管,借弹性均匀地挤压在销孔中。

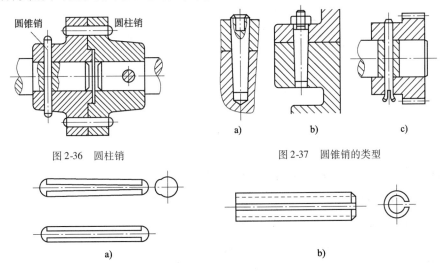

图2-36 圆柱销

图2-37 圆锥销的类型

图2-38 槽销和弹性圆柱销

三、常用轴的种类、应用特点和结构

轴主要用来支承旋转运动的零件和传递动力,它是各类机械传动中的主要零件。

(一)轴的类型

根据轴承受的载荷和变形不同,轴可分为芯轴、转轴和传动轴,如图2-39所示。

(1)芯轴。只能承受弯矩作用的轴称为芯轴。

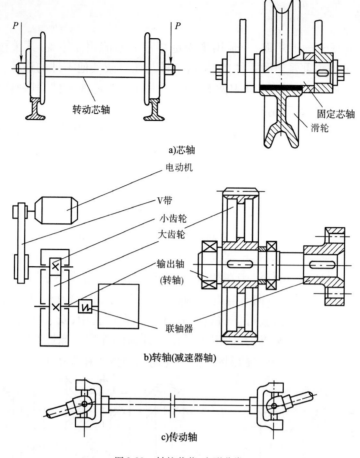

图 2-39 轴按载荷、变形分类

（2）传动轴。只传递转矩的轴称为传动轴。如图所示连接汽车汽车变速器与后桥的轴。

（3）转轴。既承受弯矩又传递转矩的轴称为转轴。转轴是机械中最常见的轴，如齿轮减速箱的轴均为转轴。

根据轴的结构形状轴可分为光轴和阶梯轴、直轴和曲轴等，如图 2-40 所示。

（二）轴的结构特性

轴一般由轴头、轴身和轴颈三部分组成。轴上与传动零件或联轴器、离合器相配的部分，称为轴头；与轴承相配的部分，称为轴颈；连接轴头和轴颈的其余部分称为轴身。

轴的结构形状和尺寸受到很多因素的影响，如轴上载荷的大小、分布及性质，轴上零件的数目、类型、布置及固定方式，轴的加工和装配方法等。

1. 轴的直径

支承转动零件的部位称为轴头，其直径要符合标准直径系列；被轴承支承的部位称为轴颈，轴颈尺寸必须符合轴承内孔的直径标准。轴头和轴颈都是配合面，都要求有一定的尺寸精度和表面粗糙度。轴的直径大小除了按强度计算外，还可以用经验公式来估算。例如在一般减速器中，高速轴（输入轴）的直径，可参照与其相连的电动机轴径 d_0 来估算，$d = (0.8 \sim 1.2)d_0$，各级低速轴的轴径按同级齿轮中的中心距 a 来估算，$d = (0.3 \sim 0.4)a$，估算后的轴径应圆整到标准值。轴的标准直径系列如表2-2所示。

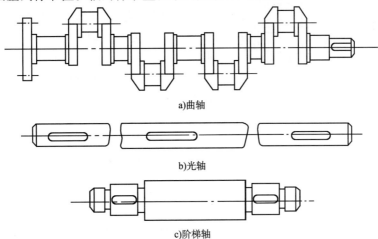

图2-40 轴按结构形状分类

轴的标准直径系列　　　　　　　　　　　　　　　　表2-2

轴径	标准直径系列(mm)												
	10	10.5	11	11.5	12	13	14	15	16	17	18	19	20	21	22	24	25
	26	28	30	32	34	35	38	40	42	45	48	50	52	55	58	60	65
	70	75	80	85	90	95	100	105	110	115	120	130					

2. 轴上零件的固定

1) 轴向固定的结构

为了使零件在轴上有确定的轴向位置,防止零件轴向移动并能承受轴向力,通常采用以下方式。

(1) 用轴肩(轴环)固定。它的结构简单、定位可靠,还能承受较大的轴向力。阶梯轴的截面变化部位就是轴肩(轴环),如图2-41所示。轴肩(轴环)的尺寸要选择适当,其高度 h 应在 $(0.07d+2) \sim (0.1d+5)$ 范围内选取,轴环宽度 $b \approx 1.4h$。与滚动轴承相配合处 h 值和 b 值,应参照滚动轴承装配的标准尺寸选取。

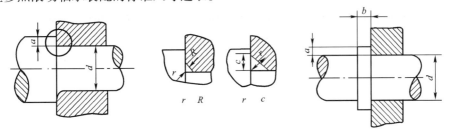

图2-41 轴肩或轴环固定

(2) 用轴端挡圈固定。轴端挡圈适用于轴端零件的固定,它可以承受振动和冲击载荷,如图2-42所示。

(3) 用轴套(套筒)固定。当两个零件间距较小时,在两个零件之间加轴套(套筒),靠两

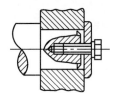 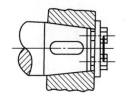

a)带锁紧装置的轴端挡圈　　b)锥形轴端及挡圈固定

图 2-42　轴端挡圈固定

个位置已定的零件来固定。

(4)用圆螺母固定。一般在轴的中部或者端部无法使用轴套或轴套太长时选用,如图 2-43 所示。

(5)用圆锥销、紧定螺钉和弹性挡圈固定。该方式只适合在轴向力不大或防止零件偶然沿轴向窜动的场合采用,如图 2-44 所示。

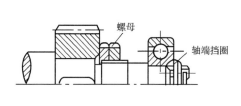 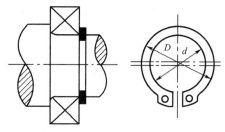

a)双螺母固定　　　　　　　b)螺母加推力垫圈

图 2-43　圆螺母固定

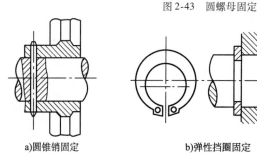

a)圆锥销固定　　　　b)弹性挡圈固定　　　　c)紧定螺钉固定

图 2-44　其他固定方法

2)周向固定的结构

为了保证零件传递转矩,防止零件与轴产生相对转动,大多数采用键或过盈配合进行固定。

四、轴承

轴承主要用于支承轴和轴上的零件,并保持轴线的旋转精度,同时减少相对转动引起的摩擦与磨损。它广泛用于汽车行业中,例如发动机曲柄连杆机构中活塞销轴与连杆小端的连接、曲轴在机体安装支承部位、传动部位的轴等。轴承的类型按轴承工作时的摩擦种类可分为滑动轴承与滚动轴承。

(一)滑动轴承的类型、结构和应用特点

滑动轴承根据其结构及性能特点分为整体式滑动轴承、剖分式滑动轴承、调心式滑动轴承。

(1)整体式滑动轴承是在机体上、箱体上或者整体的轴承座上直接镗出轴承孔,并在孔内镶入轴套。如图 2-45 所示,这种轴承已标准化,形式较多。其优点是结构简单、成本低;缺点是轴颈只能从端部装入,安装和检修不便,而且轴承磨损后不能调整间隙,只能更换轴

套,所以一般用于轻载、低速及间歇性工作的机器上。

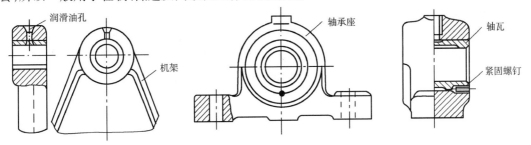

图 2-45　整体式滑动轴承

(2)剖分式滑动轴承也叫开式滑动轴承,它由轴承座、轴承盖、剖分式轴瓦等组成,如图 2-46 所示。为了防止轴瓦转动,在轴承座和轴承盖的剖分面做成阶梯形的配合止口,用于定位。同时在剖分面间放置调整垫片,以便安装时或磨损后调整轴承间隙。发动机的曲轴轴承采用的就是这种类型的轴承。

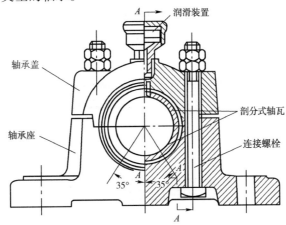

图 2-46　剖分式滑动轴承

(3)调心式滑动轴承是当轴颈较长($1/d>1.5$)、变形较大或不能保证两轴孔轴线重合,导致两端轴套严重磨损时采用的一种轴承。如图 2-47 所示,调心式滑动轴承主要利用球面支承,自动调整轴套的位置,以适应轴的偏斜。

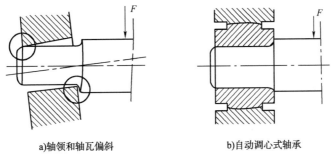

a)轴领和轴瓦偏斜　　b)自动调心式轴承

图 2-47　调心式滑动轴承

(二)滚动轴承的类型、结构和应用特点

滚动轴承的结构形式和基本尺寸均已标准化,在汽车修理行业的修理设备、汽车传动系

和行驶系中都普遍使用着各种类型的滚动轴承。

1. 滚动轴承的类型

滚动轴承的类型很多，按照轴承内部结构和能承受外载荷的方式不同，可分为向心轴承、推力轴承和向心推力轴承三大类，如图2-48所示。按照滚动体的形状可分为球轴承和滚子轴承，如图2-49所示。各种滚动轴承承受载荷的形式、基本类型、特性见表2-3。

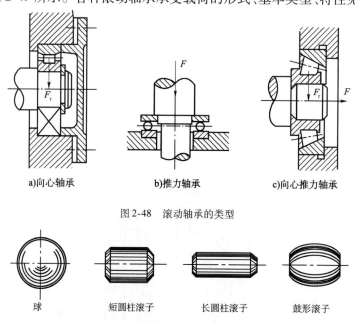

a) 向心轴承　　b) 推力轴承　　c) 向心推力轴承

图2-48　滚动轴承的类型

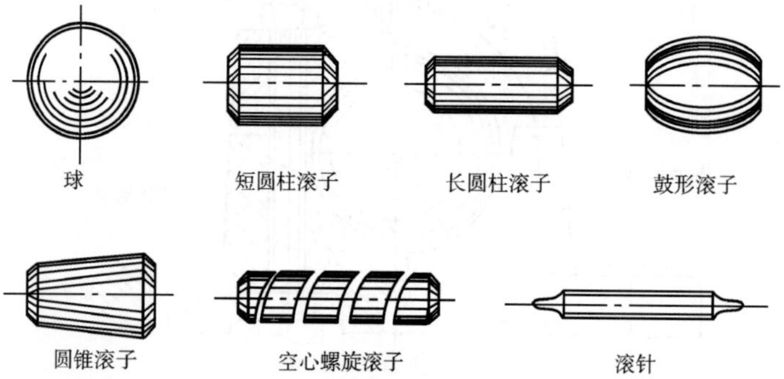

球　　短圆柱滚子　　长圆柱滚子　　鼓形滚子

圆锥滚子　　空心螺旋滚子　　滚针

图2-49　滚动体的形状

常用滚动轴承的类型、主要性能及应用　　表2-3

轴承类型	类型代号	简图	承载方向	主要性能及应用
双列角接触球轴承	0	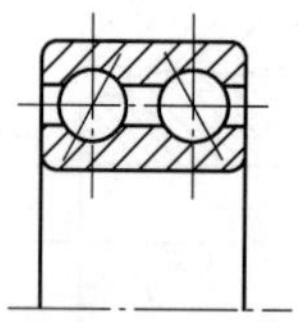	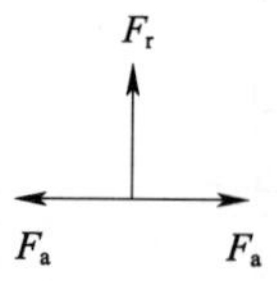 F_r，F_a	具有相当于一对角接触球轴承背靠背安装的特性
调心球轴承	1	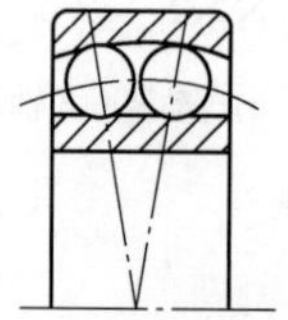	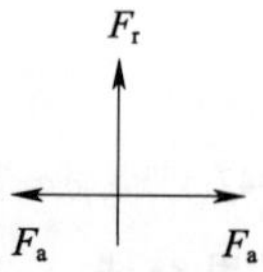 F_r，F_a	主要承受径向载荷，也可以承受不大的轴向载荷；能自动调心，允许角偏差<2°~3°；适用于多支点传动轴、刚性较小的轴以及难以对中的轴

续上表

轴承类型	类型代号	简图	承载方向	主要性能及应用
调心滚子轴承	2		F_r 向上, F_a 双向	与调心球轴承特性基本相同,允许角偏差<1°~2.5°,承载能力比前者大;常用于其他种类轴承不能胜任的重载情况,如轧钢机、大功率减速器、吊车车轮等
推力调心滚子轴承			F_r 向上, F_a 向下	主要承受轴向载荷;承载能力比推力球轴承大得多,并能承受一定的径向载荷;能自动调心,允许角偏差<2°~3°;极限转速较推力球轴承高;适用于重型机床、大型立式电动机轴的支承等
圆锥滚子轴承	3		F_r 向上, F_a 向下	可同时承受径向载荷和单向轴向载荷,承载能力高,内、外圈可以分离,轴向和径向间隙容易调整;常用于斜齿轮轴、锥齿轮轴和蜗杆减速器轴以及机床主轴的支承等;允许角偏差2°,一般成对使用
双列深沟球轴承	4		F_r 向上, F_a 双向	除了具有深沟球轴承的特性,还具有承受双向载荷更大、刚性更大的特性,可用于比深沟球轴承要求更高的场合
推力球轴承、双向推力球轴承	5		F_a 向下, F_a 向上	只能承受轴向载荷,51000用于承受单向轴向载荷,52000用于承受双向轴向载荷;不宜在高速下工作,常用于起重机吊钩、蜗杆轴和立式车床主轴的支承等
深沟球轴承	6		F_r 向上, F_a 双向	主要承受径向载荷,也能承受一定的轴向载荷;极限转速较高,当量摩擦系数最小;高转速时可用来承受不大的纯轴向载荷;允许角偏差<2°~10°;承受冲击能力差;适用于刚性较大的轴,常用于机床齿轮箱、小功率电动机等
角接触球轴承	7		F_r 向上, F_a 向下	可承受径向和单向轴向载荷;接触角越大,承受轴向载荷的能力也越大,通常应成对使用;高速时用它代替推力球轴承较好;适用于刚性较大、跨距较小的轴,如斜齿轮减速器和蜗杆减速器中轴的支承等;允许角偏差<2°~10°

续上表

轴承类型	类型代号	简图	承载方向	主要性能及应用
推力圆柱滚子轴承	8		F_a	只能承受单向轴向载荷,承载能力比推力球轴承大得多,不允许有角偏差,常用于承受轴向载荷大而又不需调心的场合
圆柱滚子轴承(外圈无挡边)	N		F_r	内、外圈可以分离,内、外圈允许少量轴向移动,允许角偏差很小, <2°～4°;能承受较大的冲击载荷;承载能力比深沟球轴承大;适用于刚性较大、对中良好的轴,常用于大功率电动机、人字齿轮减速器

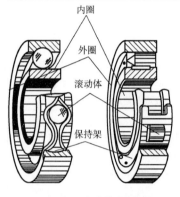

图 2-50 滚动轴承的结构

2. 滚动轴承结构

滚动轴承的基本结构是内圈、外圈、滚动体、保持架等,如图 2-50 所示。通常内圈装在轴颈上随轴颈一起旋转;外圈装在机架的轴承孔内保持固定(也有外圈旋转而内圈固定的)。当内外圈转动时,滚动体就在内外圈的滚道中滚动。保持架的作用是把滚动体均匀地隔开,并保持相对位置。

(三)滚动轴承的代号

为了便于使用,在国家标准中规定了滚动轴承的代号。滚动轴承代号由基本代号、前置代号和后置代号组成,并标记在轴承端面上。其排列顺序及代号所表示的内容见表 2-4。

滚动轴承代号的构成　　　　　　　　　　　　　表 2-4

前置代号	基本代号				后置代号						
	五	四	三	二	一							
		尺寸系类代号										
轴承分部件代号	类型代号	宽(高)系列代号	直径系列代号	内径代号	内部结构代号	密封与防尘机构代号	保持架及其材料代号	特殊轴承材料代号	公差等级代号	游隙代号	多轴承配置代号	其他代号

1. 基本代号

基本代号用来表示轴承的基本类型、尺寸系类和内径。一般用五位数字表示。

(1)内径代号。右起第一、二位数字表示轴承内径。表示方法见表 2-5。

滚动轴承内径尺寸　　　　　　　　　　　　　　表 2-5

内径代号	00	01	02	03	04～99
轴承内径(mm)	10	12	15	17	内径代号数字×5

(2)直径系列。表示同一内径、不同外径的系列,用右起第三位数字表示。直径系列代号见表 2-6。各系列之间的尺寸对比如图 2-51 所示。

尺寸系列代号　　　　　　　　　　　　　　表2-6

直径系列代号		向心轴承			推力轴承	
		宽度系列代号			高度系列代号	
		(0)	1	2	1	2
		窄	正常	宽	正常	
		尺寸系类代号				
0	特轻	(0)0	10	20	10	—
1		(0)1	11	21	11	
2	轻	(0)2	12	22	12	22
3	中	(0)3	13	23	13	23
4	重	(0)4	—	24	14	24

2. 后置代号

后置代号用字母和数字表示,用来说明轴承在结构、公差和材料等方面的特殊要求,与基本代号空半个汉字距离或者用符号"—""/"分隔。

(1)内部结构代号。以角接触球轴承的接触角变化为例,如接触角为15°、25°、40°时,代号分别为C、AC和B。

(2)轴承的公差等级。滚动轴承的公差等级按精度由低到高分为 0 级、6_X 级、6 级、5 级、4 级和 2 级共 6 个级别,其代号分别为:/P0、/$P6_X$、/P6、/P5、/P4 和/P2。/P0 为普通级,可省略不标注。

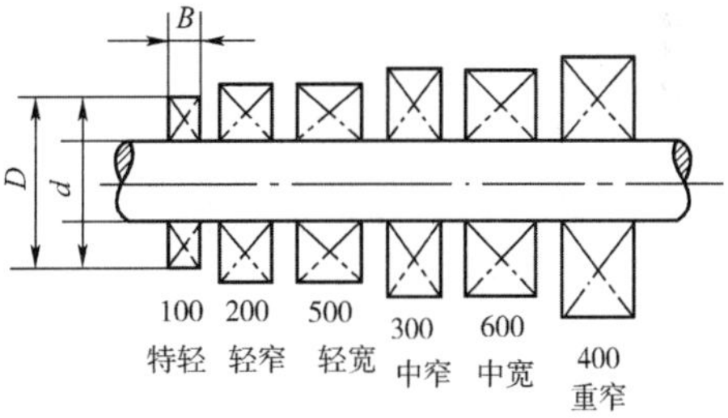

图 2-51　外廓系列的对比

(四)滚动轴承的安装拆卸和固定方法

滚动轴承安装在机械设备上,与轴、轴承座组成一个整体,称为轴承部件的组合,在轴承部件组合时,要对轴承的安装拆卸以及固定方法进行认真考虑。

1. 轴和轴承组合的轴向固定

1)双支点单向固定

如图 2-52 所示,在轴的两个支点上,用轴肩挡住轴承内圈,轴承盖挡住轴承的外圈,使每个支点限制轴承单方向的轴向移动,两个支点合起来就限制了轴承在轴上的双向移动,即而称为双支点单向固定。考虑到高温下轴的伸长,对轴承的外圈和端盖之间留有一定的间隙,一般为 $a=0.2\sim0.3$mm。这种方法结构简单、便于安装,适用于温度变化不大或者跨距较小的轴。

2)单支点双向固定

如图 2-53 所示,一个支点处的轴承内圈两侧与轴固定,轴承外圈的两侧与箱体或机架固定,另一个支点处的轴承内圈两侧与轴固定,轴承外圈的两侧自由,该支点处的轴承可随轴颈沿轴向游动,适应轴的伸长或缩短的需要,即称为单支点双向固定。它常用于温度变化不大、跨距较长的轴。

2. 滚动轴承的配合

滚动轴承与轴、轴承座组成一个整体,必须选择好配合方式。滚动轴承已标准化,轴承内孔与轴颈的配合采用基孔制;轴承外圈与轴承座孔的配合采用基轴制。一般内圈与轴颈配合紧一些,常用过渡配合;外圈与轴承座孔配合较松一些,常用间隙配合。

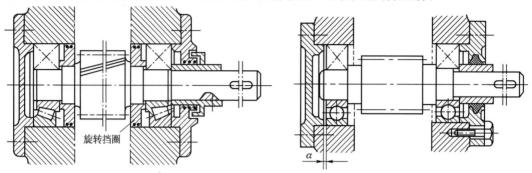

图 2-52　双支点单向固定

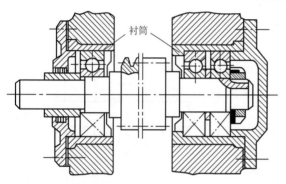

图 2-53　单支点双向固定

（五）滚动轴承的实效形式

（1）疲劳点蚀。轴承以 $n > 10 \text{r/min}$ 的转速运转时,在载荷作用下,经过长时间周期性脉动循环接触应力的作用,就会在内、外圈滚道表面上或滚动体表面上产生疲劳点蚀。轴承出现疲劳点蚀后,将引起噪声和振动,旋转精度明显降低,从而使轴承不能正常工作。

（2）塑性变形。对于转速很低（$n < 10 \text{r/min}$）或做间歇转动的轴承,通常不会发生疲劳点蚀。但在很大的静载荷或冲击载荷作用下,会使轴承的滚动体和滚道接触处的局部应力超过材料的屈服极限,使轴承元件表面出现塑性变形（凹坑）,导致轴承丧失工作能力。

（3）磨损。润滑不良或杂物和灰尘的侵入都会引起轴承早期磨损,从而使轴承旋转精度降低、噪声增大、温度升高,最终导致轴承失效。此外,由于设计、安装、使用中某些非正常的原因,可能导致轴承的破裂、保持架损坏及回火、腐蚀等现象,使轴承失效。

五、联轴器、离合器、制动器

（一）联轴器

联轴器的作用是将两根轴连接在一起,以传递运动和动力。两轴在运转时不能分离,只有在停转后进行拆卸才能使两轴分离。

联轴器可分为刚性和弹性联轴器两大类。刚性联轴器可分为固定式和可移动式联轴器两类。固定式刚性联轴器不能补偿两轴的相对位移,可移式刚性联轴器能补偿两轴的相对位移。弹性联轴器能补偿两轴的相对位移,并具有吸收振动和缓和冲击的能力。

1. 固定式联轴器

固定式联轴器的两轴能严格对中,在工作中不发生相对位移,它分为凸缘联轴器和套筒联轴器。

(1)凸缘联轴器。它由两个半联轴器分别装在两轴的两端,通过螺栓连接组成,如图 2-54 所示。利用半联轴器上的凸肩与凹槽相配合来对中;利用两个半联轴器接触面间的摩擦力来传递转矩。

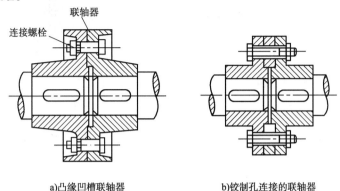

a)凸缘凹槽联轴器　　　　b)铰制孔连接的联轴器

图 2-54　凸缘联轴器

凸缘式联轴器的构造简单、成本低、传递转矩较大,但不能补偿轴的偏移,无吸振、缓冲作用;适用于两轴要求严格对中、转矩较大、冲击较小的场合。

(2)套筒联轴器。它由连接两轴端的套筒及连接的圆锥销钉或平键组成。图 2-55 所示为键连接的套筒联轴器,它用紧定螺钉作轴向固定,以防止套筒轴向窜动。

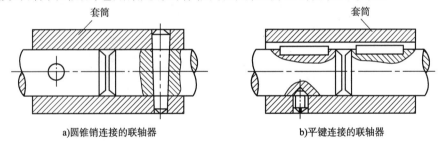

a)圆锥销连接的联轴器　　　　b)平键连接的联轴器

图 2-55　套筒联轴器

套筒联轴器结构简单,径向尺寸小、工作平稳,适用于两轴线严格对中、径向尺寸小的场合。

2. 可移式刚性联轴器

可移式刚性联轴器允许两轴线有一定的相对位移,它分为十字滑块联轴器、万向联轴器和齿轮联轴器。

(1)十字滑块联轴器。它由两个端面开有凹槽的套筒和一个两面加工有互相垂直凸台的中间盘组成,如图 2-56 所示。套筒分别与主动轴和从动轴连接为一体,中间圆盘的两面凸台分别嵌入两个套筒的凹槽中,可以移动。若两轴不同心或偏斜,中间圆盘两面的凸台可沿套筒的凹槽滑动。当转速较高时,中间圆盘的偏心会产生较大的离心惯性力,增加轴和轴承的附加载荷,使磨损加剧。因此十字滑块联轴器只适用于低速、冲击小的场合。

(2)万向联轴器。它由两个固定在轴上的叉状接头和十字销铰接而组成,通过十字销传递转矩,如图 2-57 所示。单个万向联轴器连接有交角的两轴,主动轴以等速转一周,从动轴

47

虽然也随着转一周，但角速度作周期性的变化，两轴的瞬时传动比是变化的，在运转时不平稳，会引起附加载荷。为了克服以上缺点，万向联轴器通常要成对使用。万向联轴器能连接两相交轴，并在工作中能改变夹角，径向尺寸小，在汽车的万向传动装置、转向机构、驱动桥中广泛使用。

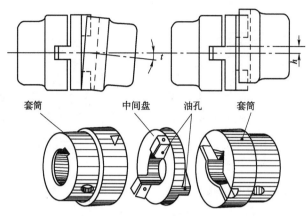

图 2-56　十字滑块联轴器

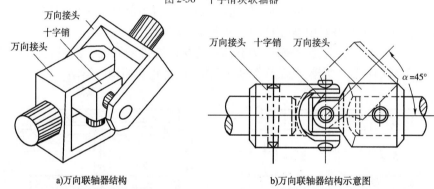

a) 万向联轴器结构　　　　　　　　b) 万向联轴器结构示意图

图 2-57　万向联轴器

（3）齿轮联轴器。它由两个带有内齿的外壳和带有外齿的轴套组成，如图 2-58 所示。两个轴套分别用键与轴连接，两外壳用螺栓连接为一体，通过内外齿相互啮合来传递转矩。轮齿的齿廓为渐开线，内外齿数相同。齿轮联轴器传递的转矩比同尺寸的其他联轴器大，结构复杂、质量大，常用于重型机器和高速转动的传动连接。

3. 弹性联轴器

弹性联轴器是利用联轴器中弹性零件的弹性变形来调节轴的位移的。它分为弹性圈柱销联轴器和尼龙柱销联轴器。

（1）弹性圈柱销联轴器。它用套有弹性圈的柱销代替连接螺栓，由弹性圈传递转矩，如图 2-59 所示。橡胶圈的变形可以调节两轴线的径向偏移和角偏移，并起缓冲和吸振作用。整个柱销能在销孔中移动，经常用在正反转、起动频繁和变载荷下运转的场合。

（2）尼龙柱销联轴器。它由两个半联轴器和尼龙柱销组成，如图 2-60 所示。为防止柱销滑出，在销孔两侧设有挡板，用螺钉把它固定在联轴器上。它由尼龙销传递转矩，有一定的缓冲和吸振能力，安装方便，寿命长，能传递较大的转矩，允许两轴有一定的轴向位移和少量的径向位移及角偏斜，但不易在高温下工作。

单元二 常用机构及轴系零件

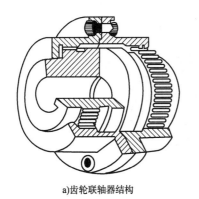

a)齿轮联轴器结构　　　b)齿轮联轴器齿顶形式

图 2-58　齿轮联轴器

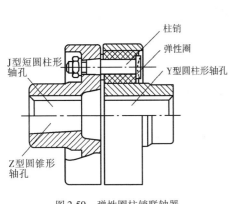

图 2-59　弹性圈柱销联轴器

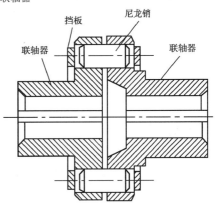

图 2-60　尼龙柱销联轴器

（二）离合器

离合器是机器在运转的过程中，需要停转或者起步时，将动力分离或者接合时用的一种装置。离合器常用的有牙嵌式离合器和摩擦式离合器。

1. 牙嵌式离合器

如图 2-61 所示，它由两个带有牙端面的半离合器组成，右端半离合器由导向平键与从动轴相连接，可在轴上滑动。左端半离合器用键和螺钉紧固在主动轴上，左端半离合器内固定有对中环，保证两轴对中。离合器可用杠杆、液压、气动或电磁吸力等带动滑环，使两个半离合器的端面牙齿接合或者分离。

2. 摩擦式离合器

摩擦式离合器由摩擦盘和滑环组成，靠摩擦盘接触面上产生的摩擦力来传递转矩。汽车上常用的摩擦离合器有单盘、双盘和多盘离合器。图 2-62 所示为单盘式摩擦离合器，摩擦盘分别安装在主动轴和从动轴上，操纵滑环使右摩擦盘沿轴向左移动，通过压力将右摩擦盘压紧在左摩擦盘上，主动轴上的转矩由接触面上产生的摩擦力传到从动轴上，使从动轴转动。这种离合器结构简单、散热性好但传递的转矩较小。

（三）制动器

制动器是机器在运转中需要停转或者降低转速的一种装置。它可分为锥形制动器、带式制动器和蹄鼓制动器。

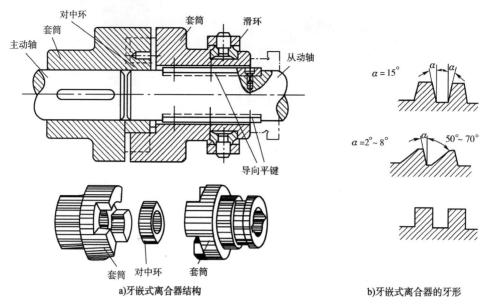

a) 牙嵌式离合器结构　　　　　　　　b) 牙嵌式离合器的牙形

图 2-61　牙嵌式离合器

1. 锥形制动器

如图 2-63 所示,锥形制动器的外锥体固定在箱体上,内锥体由导向平键(或花键)与轴相连接,当内锥体推向固定的外锥体时,内外锥面紧贴,靠锥面间的摩擦力制动,常用于较小转矩的制动。

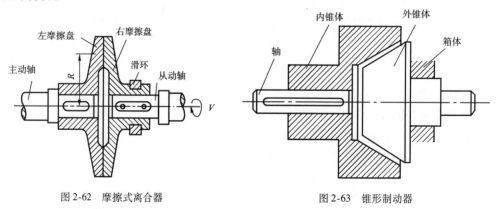

图 2-62　摩擦式离合器　　　　　　　　图 2-63　锥形制动器

2. 带式制动器

如图 2-64 所示,它是靠制动带与制动轮之间产生的摩擦力来达到制动目的。制动轮固定在轴上,制动轮上包有一根钢带,制动钢带上衬垫石棉、橡胶、皮革或帆布等,以增强摩擦制动作用。杠杆上施加外力后就可收紧制动带,带和轮间产生摩擦力,使制动轮停止转动。当外力消失后制动轮放松。带式制动器结构简单、制动可靠、径向尺寸小,但制动转矩不大。

3. 蹄鼓制动器

如图 2-65 所示,它是制动鼓和两边的制动臂及两个制动蹄组成。在弹簧的作用下,制动臂及制动蹄抱住制动鼓,制动鼓处于制动状态。当松闸器通入电流时,在电磁力的作用下,通过推杆松开制动鼓两边的制动蹄。松闸器也可以用人力、液压、气压操纵。

单元二 常用机构及轴系零件

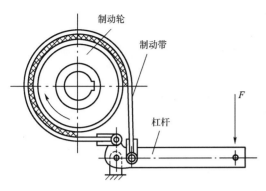

图 2-64 带式制动器

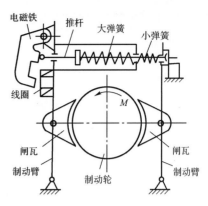

图 2-65 蹄鼓制动器

单元三
液压传动与气压传动

课题一　液压传动

液体传动是以液体(通常是油液)作为工作介质来传递能量和进行控制的一种传动方式。根据传动过程中所用能量形式的不同,液体传动可分为两大类:利用液体的动能变换来传递能量的传动方式称为液力传动(或称为动液传动),如自动变速器中常用的液力变矩器等;依靠封闭容积中液体的压力能变换来传递能量和进行控制的一种传动方式称为液压传动(或称为静液传动),如现代汽车常用的液压制动系统、工程机械的操作系统等,这是本课题所介绍的主要内容。

一、液压传动的工作原理及组成

(一)液压传动的原理

在生产中,工人常常通过一种小巧的工具——液压千斤顶,用一只手的力量就能将重的物体顶起。那么,它是怎样工作的呢？液压千斤顶工作原理图,如图3-1所示。

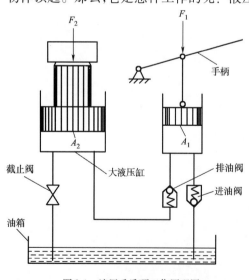

图3-1　液压千斤顶工作原理图

液压千斤顶由两个大小不同的液压缸、活塞以及进排油阀等组成。当手柄向上提起时,小活塞上移,小液压缸下腔密封容积变大,形成局部真空,于是油箱内的油液在大气压力作用下,打开进油阀进入小液压缸下腔。当下压手柄时,小活塞向下移动,下腔密封容积减小,油液受到挤压,压力增大,进油阀关闭,排油阀打开,油液经管道进入大液压缸内,推动大活塞上移。这样反复提压手柄,就能源源不断地把油箱内的油液压入到大液压缸内,使大活塞下腔的密封容积不断变大,从而推动大活塞上升,重物逐渐被顶起。如果手柄停止动作,大液压缸下腔油液压力将排油止回阀关闭,大活塞连同重物一起被自锁停止在举升位置。当需要放下重物时,打开截止阀,大液压缸内的油液在重力的作用下经截止阀回到油箱,大活塞下降复位。改变截止阀的开度大小,就可以控制重物下降的快慢。在这里,小液压缸的作用是通过不断地完成吸油和压油的过程,将人的机械能转换为油液的压力能。它实际上相当于一只手动液压泵,而大液压缸的作用是将油液的压力能转换为顶升重物的机械能。进油阀和排油阀只允许油液向一个方向流动,被称为止回阀。截止阀可以控制液压缸排油的流量,是一种简单的节流阀。油液则是用来传递能量的物质,称为工作介质。它们之间的协调动作将手的力传到物体上,并完成了举起物体的传动过程。

液压千斤顶的工作原理是:以油液为工作介质,依靠密封容积的变化来传递运动,依靠油液内部的压力来传递动力,液压传动装置实质上是一种能量转换装置,它先将机械能转换为便于输送的液压能,然后又将液压能转换为机械能,以实现传动与控制的功能。

(二)液压传动系统的组成

从上面的实例可以看出一般液压系统大致由以下几个部分组成。

1. 动力部分

液压泵又叫油泵,其作用是向液压系统提供压力油,是系统的动力源。从能量转换角度看,它是将原动机输出的机械能转变成为油液压力能。

2. 执行机构

液压缸及液压马达的作用是在压力油的推动下,完成对外做功,满足使用要求。从能量转换角度看,它是将油液压力能转变成为驱动工作部件运动的机械能。可以实现直线运动的执行元件称液压缸,简称油缸;实现回转运动的执行元件称为液压马达。

3. 控制元件

各种控制阀类的作用是控制和调节油液的压力、流量及流动方向,以满足执行元件对力、速度和运动方向的要求。

4. 辅助部分

辅助部分包括各种油管、油箱、滤油器、蓄能器、压力表、密封圈等。其作用是连接、输油、储油、过滤、储存压力能、测量、密封等,以保证液压系统正常工作。

5. 工作介质

工作介质一般使用的是矿物油,它是传递能量的媒介。

(三)液压传动的特点

液压传动与机械传动、电气传动和气压传动相比,有以下特点。

(1)与机械传动相比,传递同样载荷,液压传动体积小、质量轻。

(2)能对速度、转矩、行程做到无级控制和调节。

(3)传动平稳、工作可靠,机械振动及撞击小,便于实现工作机构频繁换向。

(4)液压元件的自润性好,能实现系统的过载保护与保压,使用寿命长。

(5)结构简单,布局灵活,易实现远距离操纵和控制。

(6)液压元件易实现系列化、通用化、标准化,便于设计制造和推广使用。

(7)油液的黏度受温度变化的影响较大,在高精度的传动中,难以确保运动速度的恒定,在低温和高温下使用都有一定的困难。

(8)在液压元件的相对运动表面不可避免地会出现液压油的泄漏以及元件的变形,因此液压传动的传动比不如机械传动精确。

(9)为了防止泄漏,对液压元件的加工和配合精度要求高,成本较高。

(10)由于黏性,油液在管内流动时有压力损失,且随着管长和流速的增加而增加,不宜用于远距离的传动。

(11)液压系统出现故障时,不易检查和排除。

总的来说,液压传动的优点是主要的,存在的缺点随着设计制造和使用水平的不断提高,大多是可以逐渐克服的。因此,液压传动仍然是先进的传动方式,有着广泛的发展前景。

(四)液压传动的基本概念

1. 液体压力和压力传递

每单位面积上所受的作用力(或液体的反作用力),力学上称为压力强度,在液压传动中简称为压力,可以用下式表示:

$$p = F/A$$

式中:P——表示油液的压力,单位是帕斯卡,简称帕(Pa);

F——表示作用在油液表面上的外力,单位是牛顿,简称牛(N);

A——表示油液表面承压面积,单位是米^2(m^2)。

图 3-2 说明液体压力的产生过程。油液装在盖有活塞的密封容器内,如果活塞不加外力,而且活塞和油液的质量也忽略不计,这时压力表的指针在 0 位,表明油液没有压力。如果在活塞上逐渐增加载荷,可以看到指针逐渐向右偏转,表明油液有了压力。可见这个压力是外加负荷作用的结果。外力越大,压力也越大。当外力一定时,改变压力表的测点位置,油液各处的压力都一样大,同时油液没有产生流动现象而是保持平衡的静止状态,也表明各处压力相等。这说明由活塞作用到与其接触的油面上的压力是均匀地传递到各处的,这就是液体静压传递原理,或称为帕斯卡原理。密封容器里的液体,当一处受到压力作用时,压力将通过液体传到容器任何部位,并且压力值相等。

液体静压传递原理是液压传动的基本原理。在图 3-3 中,容器左边由面积为 A_1 的小活塞和小液压缸组成,容器右边由面积为 A_2 的大活塞和大液压缸组成,两边由管道相连通。小活塞在外力 F_1 的作用下产生了压力 p_1,被油液传递到大液压缸中,对大活塞产生的液压推力 F_2 应为:

$$F_2 = p_1 A_2$$

或

$$p_1 = F_1/A_1 = F_2/A_2$$

即

$$F_1/F_2 = A_1/A_2$$

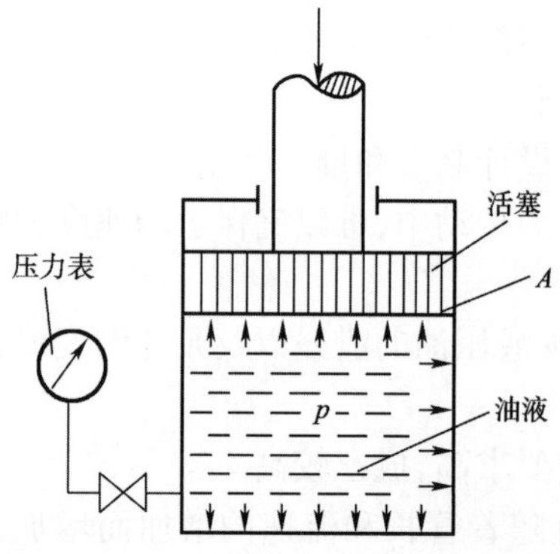

图 3-2 液压压力产生原理 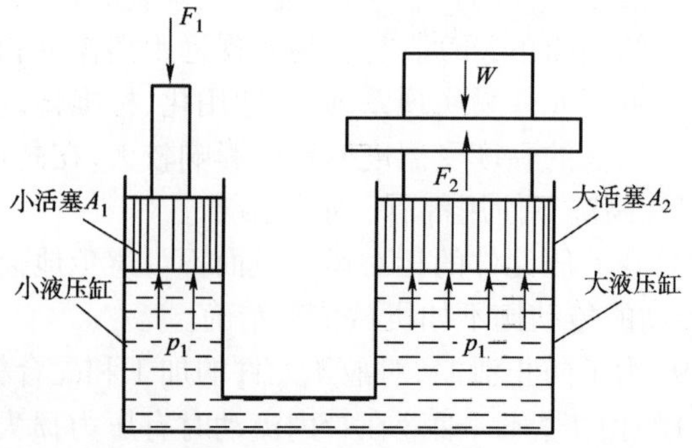　　图 3-3 液压传动原理

如果 A_2 很大，A_1 很小，则只需要很小的外力 F_1 便能获得很大的液压力 F_2 推动重物上升，这就是说，力得到了放大。万吨水压机、汽车的油压制动系统和液压千斤顶都是根据这个原理制成的，而更复杂的液压传动技术也是在这个原理的基础上建立起来的。

例 3-1 如图 3-1 所示的液压千斤顶，已知 $A_1 = 1.13 \times 10^{-4} \text{m}^2$，$A_2 = 9.62 \times 10^{-4} \text{m}^2$。假定手揿动手柄后，施加在小活塞上的力 $F_1 = 5.78 \times 10^3 \text{N}$，试问能顶起多重的重物？

解：(1) 小液压缸内的压力为：

$$p_1 = F_1/A_1 = 5.78 \times 10^3/1.13 \times 10^{-4} = 512 \times 10^5 (\text{Pa})$$

(2) 大活塞向上的推力：根据静压传递原理可知 $p_1 = p_2$，则：

$$F_2 = p_1 A_2 = 512 \times 10^5 \times 9.62 \times 10^{-4} = 4.9 \times 10^4 (\text{N})$$

(3) 能顶起重物的重量为：

$$G = F_2 = 4.9 \times 10^4 (\text{N})$$

通过液体压力的传递，作用力放大了 $F_1/F_2 = 8.5$ 倍。

液压系统是靠流动油液传递能量进行工作的。那么，系统中的油液压力又是怎样形成的呢？可用图 3-4 进行分析。假设液压缸活塞面积为 A，负载为 F，液压泵经油管将油输入液压缸左腔。由于负载阻碍左腔容积增大，使油液受到挤压而对活塞产生反作用力。随着液压泵不断供油，这种挤压作用不断加剧，并使油压不断上升。当油压总推力足以克服负载阻力时，液压泵输出的油液就迫使液压缸左腔的密封容积增大，推动活塞向右运动。此时液压缸内油压为 $p = F/A$。活塞克服负载阻力不断向前运动，液压缸左腔容积不断增大，并为液压泵输来的油液所充满，而油压始终保持为 $p = F/A$。

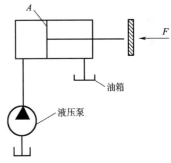

图 3-4 液压系统压力的建立

因此液压系统中的压力，就是油液处于前受负载阻挡，后受液压泵油液的不断推动，即所谓"前阻后推"这样一种运动状态中产生的。

如果负载阻力为零，即不存在"前阻后推"的条件，液压缸中的压力也就建立不起来，那么液压泵的供油压力也为零；相反，当活塞运动到底或被挡死（即阻力极大）时，液压泵继续供油，液压缸中压力将很快上升，液压泵的供油压力也随之上升，如果系统没有保护措施，则系统中的薄弱环节就将损坏。这一现象表明：液压系统中的工作压力取决于负载，并随负载的变化而变化。

2. 液体的流速和流量

(1) 流速。指单位时间内油液在管道中流过的距离。用符号 v 表示，常用的单位是米/秒（m/s）。油液流动时，油液之间、容器壁和油液之间的摩擦力大小不同，所以在同一截面上各点的真实流速并不相等，一般用平均流速这个概念来做近似计算。

(2) 流量。指单位时间内流过液压元件或管道某一截面的液体的体积。用符号 Q 表示，常用单位是米/秒（m/s）。

当通流面积为 A 时，流速和流量有如下关系：

$$v = Q/A$$

由上式可知，当液压缸面积一定时，液压缸（或活塞）的运动速度（油液的平均流速）只取决于进入液压缸的流量。若要改变运动速度,只要改变流入液压缸中的流量即可。

由于液体是不可压缩的,在压力作用下,液体中间也不可能有空隙,所以液体流经连通管道每一截面的流量应相等,因而进入管道一端和从管道另一端流出的液体的流量应相等,这就是液体流动连续性原理。

利用液体流动连续性原理,可以建立如图3-5所示的不同截面管道流速之间的关系。

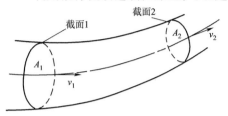

图3-5 液流的连续性原理

由于:
$$Q_1 = Q_2$$
则:
$$A_1 v_1 = A_2 v_2$$

式中:A_1、A_2——两个不同截面的截面积;

v_1、v_2——相应截面处的平均流速。

由上式可知,液体在无分支管道中流动时,通过不同截面的平均流速与其截面积大小成反比,即管径细的地方流速大,管径粗的地方流速小。

例3-2 如图3-1所示液压千斤顶在压油过程中,已知小活塞的面积 $A_1 = 1.13 \times 10^{-4}$ m², 大活塞的面积 $A_2 = 9.62 \times 10^{-4}$ m², 管道的截面积 $A_管 = 0.13 \times 10^{-4}$ m²。假定小活塞的下压速度为0.2m/s。试求大活塞上升的速度和管道内液体流动的平均速度。

解:(1)小活塞所排出的流量为:
$$Q_1 = A_1 v_1 = 1.13 \times 10^{-4} \times 0.2 = 0.226 \times 10^{-4} (\text{m}^3/\text{m})$$

(2)根据液流连续性原理,推动大活塞上升的流量 $Q_1 = Q_2$,则大活塞上升的速度为:
$$v_2 = Q_2/A_2 = 0.226 \times 10^{-4} / 9.62 \times 10^{-4} = 0.0235 (\text{m/s})$$

(3)同理,在管道内流动时,各处流量相等,所以管道内的平均流速为:
$$v_管 = Q_管 / A_管 = 0.226 \times 10^{-4} / 1.13 \times 10^{-4} = 1.74 (\text{m/s})$$

综上所述,液压传动是依靠密封容积的变化来传递运动的,而密封容积的变化所引起流量的变化要符合等量原则,所以液流连续性原理是液压传动的基本原理之一。

3. 压力损失和泄漏

由液体静压传递原理可知,密闭的静止油液具有等值传递压力的性质,但是流动的油液情况并非如此。在液压系统中,油液常以较高的速度流动着。如图3-6所示,油液自A处流到B处,如果中间经过较长的直管、弯管、接头及各种各样的阀孔时,或者截面突然改变时,由于流动液体各质点之间,液体与管壁及阀体之间互相碰撞与摩擦的结果,对液体流动会产生阻力这种阻力称为液阻。由于存在液阻,系统会产生能量损失,主要表现为压力损失,即油液在A处的压力为 p_A,流到B处会降低到 p_B 值。压力差 $\Delta p = p_A - p_B$。压力损失可分为两种:一种叫沿程损失,是油液在截面积相同的直管中流动时所

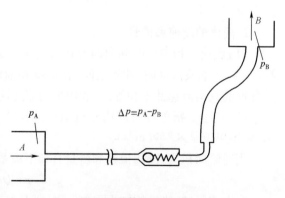

图3-6 液体的压力损失

造成的压力损失;另一种叫局部损失,是油液流过管道截面积突然改变或者管道弯曲等局部位置时所造成的损失。在液压传动中,由于各种液压元件的结构、形状、布局等原因油管的形式比较复杂,所以后一种压力损失是主要的。液压系统中液压泵向液压缸供油时,要求液压泵的出口压力必须大于液压缸的进口压力,就是这个缘故。液阻所损耗的压力能转化为油液发热,引起系统泄漏增加,使液压元件受热膨胀而"卡死",造成功率损失和系统故障。因此,应尽量减少液阻,以降低压力损失。在实际应用中,只要油液黏度适当,管道内壁光滑、尽量缩短管道长度、减少截面变化及管道弯度,就可使压力损失控制在很小的范围内。

在正常情况下,从液压元件的密封间隙漏出少量油液的现象叫泄漏。由于液压元件总存在着一些间隙,当间隙两端有压力差时,就会有油液从这些间隙中流出,所以泄漏在液压系统中总是不同程度地存在着。泄漏分为内泄漏和外泄漏,内泄漏是指元件内部高、低压腔间的泄漏;外泄漏是指系统内部的油液泄漏到系统外部,如图3-7所示。

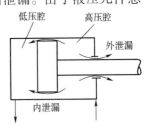

图3-7 液压缸中的泄漏

所有的泄漏都是油液从高压处向低压处流动造成的。泄漏必然会引起能量损失,主要表现为流量损失,使工作机构不能获得系统供给的全部流量,造成容积损失,降低系统效率。外泄漏还会浪费油液和污染环境,甚至影响正常使用。

减少泄漏的办法是提高元件的制造精度,改进密封结构,提高密封件质量,选用黏度合适的油液,减少油液温度的升高等。

4. 功率

单位时间内所做的功称为功率,用 P 表示。单位为瓦(W)或千瓦(kW)。

1) 液压缸的输出功率

因为功率等于力和速度的乘积,所以液压缸的输出功率 P 等于负载阻力 F 乘以活塞的运动速度 v,即:

$$P = F \times v$$

由于 $F = p_{缸}A$,$v = Q_{缸}/A$,所以液压缸输出功率又可写成:

$$P = p_{缸}Q_{缸}$$

式中:P——液压缸的输出功率,W;

$p_{缸}$——液压缸的最高工作压力,Pa;

$Q_{缸}$——液压缸的最大流量,m/s。

2) 驱动液压泵的电动机功率

液压泵在工作中由于存在着泄漏和机械摩擦所造成的流量损失和机械损失,所以驱动液压泵的电动机所需的功率比液压泵输出功率要大,两者之比用 $\eta_{总}$ 表示,即:

$$\eta_{总} = P_{泵}/P_{电}$$

式中:$\eta_{总}$——液压泵的总效率。一般计算时,外啮合齿轮泵取 0.63~0.9,叶片泵取 0.75~0.85,柱塞泵取 0.8~0.9,或参照液压泵的产品目录;

$P_{泵}$——液压泵的输出功率;

$P_{电}$——驱动液压泵的电动机功率。

二、液压泵

液压泵是液压系统的动力元件,它将原动机(电动机或内燃机)输入的机械能转变为油液压力能输出,为执行元件提供压力油。液压泵的性能好坏直接影响到液压系统的工作性能和可靠性,它是液压系统的一个重要组成部分。

(一)液压泵的工作原理

液压泵是一种依靠密闭工作容积变化实现吸、压油液,将机械能转换为液体压力能的能量转换装置。

前面介绍液压千斤顶时,已说明图3-1中的小液压缸、进排油阀以及手柄等零件构成了一个液压泵——手动柱塞液压泵。当提、压手柄时,小液压缸下腔的密封容积发生增大和缩小变化,容积增大时从油箱中吸油,容积缩小时则向大液压缸输出压力油。密封容积的不断变化,就使液压泵不断地吸入油液并输出压力油。这种不断吸油、压油过程,就是液压泵的基本工作过程,从这个具体事例中,不难看出作为液压泵正常工作应具备的条件是:应具备密封容积;在吸油过程中,油箱必须与大气相通,大气压力是油泵吸油的条件,在压油过程中油的压力由外加负载的大小来决定,负载是油泵形成油压的条件;密封容积能交替变化,吸压油路必须分开;泵的流量决定于密封容积的变化量和变化速率。

虽然液压系统中普遍采用由电动机或内燃机驱动的液压泵,但其基本原理和手动柱塞泵一样,都是要产生密封(工作)容积的变化,所以各类液压泵又统称为容积泵。

液压泵的种类很多,最常见的有齿轮泵、叶片泵和柱塞泵三大类。另外按输油方向能否改变可分为单向泵和双向泵;按其输出流量能否调节可分为定量泵和变量泵;按其额定压力有低压泵、中压泵和高压泵。液压泵的图形符号见图3-8。

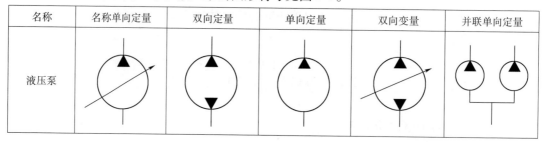

图3-8 液压泵图形符号

(二)齿轮泵

齿轮泵一般用于低压轻载系统,其结构最简单,可分为外啮合式和内啮合式两类,常用的为外啮合式齿轮泵,其工作原理如图3-9所示。一对宽度与泵体大致相等、齿数相同而互相啮合的渐开线齿轮装在泵体内,齿轮两端面靠端盖密封,轮齿由泵体圆弧形表面密封,在齿轮的各个齿间形成了密封的工作容积。泵的内腔被啮合的轮齿分成左右互不相通的两腔,分别与端盖上的吸油口和压油口相通。

当电动机(或其他动力)驱动主动齿轮旋转时,两齿轮转动方向如图3-9所示。这时吸油腔的轮齿逐渐脱离啮合,齿间形成的密封容积逐渐增大,造成局部真空,于是形成吸油。随着齿轮的旋转被带到压油腔,压油腔轮齿逐渐进入啮合,密封容积逐渐减小,油液压力升高,从出油口压出泵外,输入到液压系统中。这就是外啮合齿轮泵的工作原理。

外啮合齿轮泵的优点是结构简单、尺寸小、质量轻、制造方便、价格低廉、工作可靠、自吸能力强、对油液污染不敏感、维修容易。它的缺点是一些机件承受不平衡径向力、磨损严重、泄漏大、工作压力的提高受到限制。此外,它的流量脉动大,因而压力脉动和噪声都较大。

(三) 柱塞泵

柱塞泵是利用柱塞在有柱塞孔的缸体内作往复运动,使密封容积发生变化而实现吸油和压油的一种液压泵。按柱塞排列方向不同,可分为径向柱塞泵和轴向柱塞泵。

1. 径向柱塞泵

径向柱塞泵是柱塞在转子中呈径向分布的

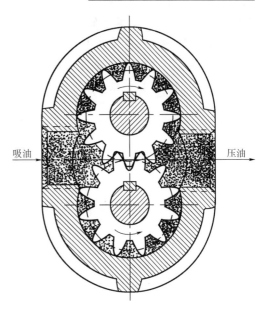

图3-9 齿轮泵工作原理

一种泵。它的结构与工作原理如图 3-10 所示。该泵主要由转子、定子、柱塞和配油轴等组成,转子与定子之间有一偏心距 e。在转子上径向分布着许多柱塞孔,孔中装有柱塞,转子转动时,柱塞在离心力作用下头部与定子内表面紧密接触,但由于有偏心距 e 的存在,所以柱塞在随转子转动的同时,又在柱塞孔内作径向往复运动于是便产生了容积变化。当转子绕轴按图示方向旋转时,上半周内各柱塞向外伸出,底部的密封容积逐渐增大,产生吸油。而下半周柱塞向里滑动,各柱塞密封容积逐渐减小,产生压油。

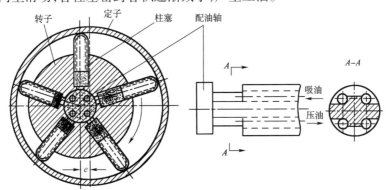

图 3-10 径向柱塞泵的结构原理

径向柱塞泵的配油轴是固定不动的,配油轴的内部设有进油孔道和出油孔道,分别在柱塞吸油和压油时与柱塞孔底部相通,使柱塞既能从油箱内吸油又能将油液排入液压系统中去。

转子不断地旋转,柱塞就不断地进行吸排油工作循环。若移动定子改变偏心距 e 时,便可改变排量。改变偏心方向后就可以改变吸排油方向,还可成为双向变量径向柱塞泵。

2. 轴向柱塞泵

轴向柱塞泵如图 3-11 所示,它由转子、柱塞、斜盘和配油盘组成。柱塞沿轴向均匀分布在圆柱形的转子内,斜盘与泵轴线有一倾斜角度。柱塞在根部弹簧的作用下,保持球形端头与斜盘紧密接触。在配油盘上开有两个弧形沟槽,分别与泵的吸油口和压油口连通形成吸油腔和压油腔。当传动轴带动泵体按图示箭头方向转动时,柱塞随着泵体转动。同时又在泵体孔内作轴向往复运动。在 $\pi \sim 2\pi$ 位置,柱塞从泵体中逐渐伸出,底部密封容积增大,产生吸油;在 $0 \sim \pi$ 时,柱塞被斜盘逐渐压进泵内,底部的密封容积减小,产生压油;泵体每转一周,柱塞每往复运动一次,完成一次吸压油过程。

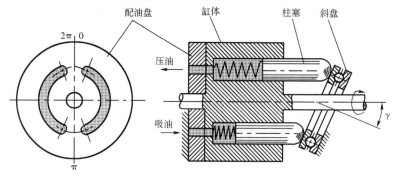

图 3-11　轴向柱塞泵结构原理

显然,该液压泵输油量决定于斜盘的倾角,改变倾角就改变了输油量。如果能使斜盘往相反的方向倾斜,泵油的方向随之改变,就可成为双向变量泵。

由于柱塞和柱塞孔均为圆柱面,容易得到高精度的配合,密封性能好,在高压下工作有较高的容积效率。同时,只要改变柱塞的工作行程就能改变泵的流量,故易实现流量的调节及液流方向的改变。所以柱塞泵具有压力高、结构紧凑、效率高以及流量调节方便等优点。缺点是轴向尺寸大,轴向作用力也较大,结构复杂,价格较高。柱塞泵一般用于需要高压大流量和流量需要调节的液压系统中。

(四) 叶片泵

叶片泵按工作方式的不同可分为单作用叶片泵和双作用叶片泵两种。叶片泵的结构主要由转子、定子、叶片及开有配油槽的端盖等组成。

1. 单作用式叶片泵

单作用式叶片泵的工作原理如图 3-12 所示。转子由电动机带动,转子上开有均布的径向槽,大小相同的叶片装在转子的径向狭槽中,并可在槽中滑动转子与定子之间有一偏心距 e,转子及定子的两侧各有配油盘配合。当转子转动时,叶片在离心力的作用(有时还在叶片根部通进压力油)下,使叶片紧靠在定子内壁上。这样在定子、转子、叶片和配油盘之间形成了若干个密封容积。当转子逆时针旋转时,叶片转至右半圆会逐渐向外伸出,形成吸油;在左半圆叶片被定子内

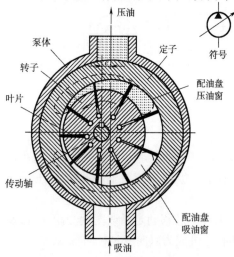

图 3-12　单作用式叶片泵工作原理

壁逐渐压进槽内,各密封容积不断减小,形成压油。转子每转一周,各密封(工作)容积完成一次吸油和压油的过程,故称为单作用式叶片泵。

2. 双作用式叶片泵

双作用叶片泵的工作原理如图3-13a)所示。定子的内表面近似椭圆形,使得叶片每转一圈会形成二次伸出和缩回运动。于是密封容积便会产生两次吸压油动作,所以这种泵被称为双作用式叶片泵。因这种泵的转子和定子是同轴的,所以不能改变输油量,只能作定量泵使用。图3-13b)是双作用叶片泵的外形图。

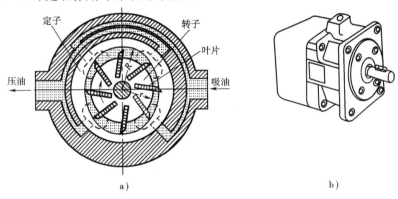

图3-13 双作用式叶片泵工作原理

3. 叶片泵的特点及应用

叶片泵具有体积小、质量轻、结构紧凑、排油量大、脉动小、流量均匀,转子及轴承受力平衡因而额定压力较高等优点;其缺点是对油液污染较敏感,自吸能力较齿轮泵差,结构也较复杂工艺要求高。在各种液压机械的中压(63×10^5Pa)系统中得到了广泛的应用。

(五)液压泵的常见故障及维护

1. 液压泵的常见故障

(1)没有流量输出或流量不足,压力提不高的原因有:电动机转向错误;滤油器堵死;油液黏度太高(冬天易发生)或太低(夏天易发生);泵内部间隙太大,内部泄漏严重;油面过低,油吸不上来。

(2)噪声大的原因有:滤油器受堵;连接不严密,吸入管进入空气;内部机件严重损坏,如定子表面已磨损;电动机转速过高,超过规定值。

(3)液压泵转动不灵活或咬死的原因有:吸入铁屑等杂物;内部拉伤;泵和电动机连接不同心;装配不良,轴向或径向间隙太小。

2. 液压泵的维护

(1)严格保持油液清洁极为重要,要防止铁屑尘埃等杂物及水进入油箱,更换油液时,不能用棉纱等纤维物擦油箱内部。

(2)定时清洗滤油器使之功能保持良好。

(3)定时更换油液,一般半年一次,换油时防止油液品种和牌号混淆。

(4)按规定的转速匹配电动机,特别是不能超速。

(5)液压泵发生过热、啸叫等异常情况,应及时请维修人员检修,不能擅自拆开液压泵。

液压泵内部故障的排除和修复应由专门维修人员负责进行。

三、液压缸

液压缸是液压系统中的执行元件。它是将液压能转变成机械能的转换装置，一般用于直线往复运动，也可用于周期性的摆动。液压缸有多种结构形式，最常用的有两种：活塞式液压缸和柱塞式液压缸。液压缸按在压力油作用下产生的运动方向数可分为双作用式和单作用式两种。本节以活塞式液压缸为例，介绍其工作原理、性能、特点及密封与缓冲方法。

（一）双出杆活塞式液压缸

1. 工作原理

双出杆液压缸的结构示意图如 3-14 所示。活塞两端面各有一根活塞杆伸出，且活塞杆直径相同，所以活塞两端面的有效工作面积相等。当液压缸右腔进油，左腔回油时，活塞左移，反之活塞右移。

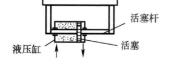

图 3-14 双出杆液压缸结构

2. 特点

当进入液压缸两腔的油液的流量、压力一定时，活塞或缸体往返两个方向的运动速度和推力相等。

这种液压缸的特点是缸体固定，活塞杆运动，工作台的往复运动范围等于有效行程的 3 倍，一般用于小型液压设备上。

（二）单出杆活塞式液压缸

1. 工作原理

如图 3-15 所示，单出杆活塞式液压缸的缸体是固定不动的，活塞杆与工作台相连，活塞的运动可带动工作台作往复运动。由于单出杆活塞缸仅一端有活塞杆，所以活塞无杆腔内油液作用的有效面积比有杆腔油液作用的有效作用面积大。右腔通压力油，活塞向左运动；左腔通压力油，活塞向右运动。

2. 特点

在图 3-16a)、b)中，设系统输入液压缸的流量为 Q，压力为 $P_缸$，A_1 为无杆腔的有效工作面积，A_2 为有杆腔的工作面积。

如图 3-16a)所示，在无杆腔进油时，活塞的运动速度 v_1 及推力 F_1 为：

$$v_1 = Q/A_1 = 4Q/\pi D^2$$

$$F_1 = p_缸 A_1$$

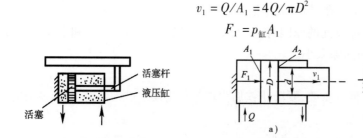

图 3-15 单出杆液压缸结构　　　　图 3-16 单出杆液压缸的工作情况

如图 3-16b)所示，在有杆腔进油时，其活塞的运动速度 v_2 及推力 F_2 为：

$$v_2 = Q/A_2 = 4Q/\pi(D^2 - d^2)$$

$$F_2 = P_缸 A_2$$

由于 $A_1 > A_2$，所以 $v_1 < v_2, F_1 > F_2$。因此可知道单出杆活塞式液压缸有以下特点。

(1) 活塞往复运动速度不相等。当两腔有效工作面积相差越大，速度差别就越大。

(2) 活塞两个方向所获得的推力不相等。慢速运动时，活塞获得的推力大；快速运动时获得的推力小。

(3) 液压缸的运动范围小。无论是缸体固定还是活塞固定，液压缸的运动范围都是工作行程的 2 倍。

（三）单出杆液压缸的差动连接

1. 工作原理

如图 3-17 所示，如果单出杆液压缸的左右两腔同时通进压力油，由于活塞两侧有效作用面积 A_1 和 A_2 不相等，推力就不等，即存在推力差，在此推力差作用下，活塞就向右运动。此时从液压缸右腔排出的油液也进入左腔，使活塞实现快速运动。这种连接方式称为液压缸的差动连接。这种两腔同时通压力油，利用活塞两侧有效作用面积差进行工作的单活塞杆液压缸称为差动液压缸。

2. 特点

作差动连接时，活塞能运动，运动方向与无杆腔进油时相同。这时因为相同的油压力在活塞两个面上产生两个方向相反、大小不同的推力，其中无杆腔进油时产生的推力比有杆腔进油时的推力大，从而产生了差动运动。假定缸体固定，则活塞会向有杆腔方向运动，而有杆腔排出的油液和系统输送的压力油一起进入无杆腔，因而可获得更快的运动速度。

差动连接时油缸产生运动速度 $v_3 = Q/A_3$。

差动有效面积 A_3 数值上等于活塞杆的截面积。产生这种现象的原因在于：液压缸有杆腔排出的油液只能流回无杆腔。如图 3-17 中活塞从 a 运动到 b，在输入油液总体积中，阴影表示的体积如果恰好等于有杆腔排出的体积，那么余下的体积才是由系统油源提供的，这些余下的体积显然应等于长度为 ab 的一段活塞杆的体积。对液压泵来说，差动油缸有效的面积 A_3 仅相当于活塞杆的截面积：

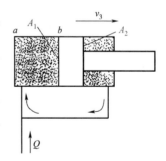

图 3-17 差动连接液压缸

$$A_3 = \pi d^2 / 4$$

差动时的油缸推力 F_3 为：

$$F_3 = p A_3$$

在组合机床中，常常采用单出杆液压缸的 3 种不同连接，实现如下工作循环：快速趋近 (v_3)、慢速进给 (v_1)、快速退回 (v_2)。

（四）液压缸的密封、排气与缓冲

1. 液压缸的密封方法

液压缸是一种依靠密封工作容积的变化来传递力和速度的元件。其密封性能的优劣、寿命的长短，直接影响液压缸的工作性能和效率，因此，凡是容易造成泄漏的地方，都应该是密封的。液压缸的密封部位，主要是活塞与缸体、活塞杆与端盖之间的动密封以及端盖与缸体之间的静密封。对密封装置的要求是:液压缸所选用的密封元件,在一定工作压力下具有并保持良好的密封性能,并且密封性能应随着压力的升高而自动提高,使泄漏不致因压力升高而显著增大。此外还要求密封元件结构简单、寿命长、摩擦力小,不致产生卡死、爬行等现象。常用的密封方法有间隙密封和密封圈密封。

1)间隙密封

间隙密封不使用密封圈,而是依靠活塞与缸壁间很小的配合间隙来密封。如图 3-18 所示,活塞上开有几个环形小槽,环形小槽一方面可以减小活塞与缸壁的接触面积,使泄漏液流的阻力增大,泄漏量便会减小,从而增强密封能力;另一方面,由于环形槽中的油压作用,使活塞处于中心位置,减少由于侧压力所造成的运动表面之间的摩擦。这种密封的摩擦力小,但密封性能差,加工精度要求较高,只适用于尺寸较小、压力较低、运动速度较高的场合。

2)密封圈密封

密封圈密封是液压系统中应用最广泛的一种密封方法。密封圈常用耐油橡胶、尼龙制成,截面显"O"形、"Y"形、"V"形等,如图 3-19 所示。"O"形密封圈结构简单、制造容易、密封可靠、摩擦力较小、适用范围较广,它既可以作为运动件之间的动密封,又可作为固定件之间的静密封,因此应用最为普遍。"Y"形密封圈密封可靠、寿命长,一般用于速度较高的液压缸密封。"V"形密封圈由多层夹织物制成,它耐高压、性能好,但结构复杂,密封处摩擦力较大,所以在中、低速液压缸中应用较多。

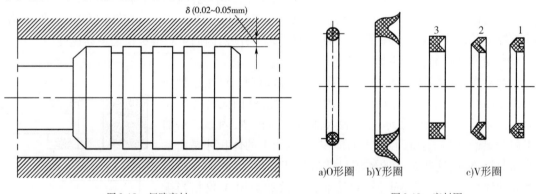

图 3-18　间隙密封　　　　　　图 3-19　密封圈

2. 液压缸的排气

液压系统中渗入空气后,会影响运动的平稳性,引起活塞低速运动时的爬行和换向精度下降等,甚至在开车时,会产生运动部件突然冲击现象。为了便于排除积留在液压缸内的空气,对运动平稳性要求较高的液压缸常在两端安装排气塞。排气塞的结构如图 3-20 所示,它的使用方法是:在液压系统工作前,先拧开排气塞,让活塞全行程空载往返数次,使空气通过排气塞排出,然后拧紧排气塞即可。

3. 液压缸的缓冲

当液压缸带动质量较大的工作部件,以较快的速度运动时,由于惯性力大,可能使活塞与缸盖在行程终了时发生撞击并造成液压冲击和振动,严重影响机械精度,甚至引起破坏性故障。为此,大型、高速或高精度的液压缸必须采用缓冲结构,其作用是防止活塞在行程末端以高速撞击油缸端盖。常用的缓冲结构可由活塞凸台(圆锥或带槽的圆柱)和缸盖凹槽

（内圆柱面）所构成，如图3-21所示。当活塞接近缸盖时，凸台逐渐进入凹槽，将凹槽中的油液经凸台与凹槽之间的缝隙挤出。此时凹槽中的油液由于受挤产生压力，压力作用在凸台上就像弹簧作用在凸台上一样，增大了活塞阻力，降低了活塞运动速度，从而可避免撞击端盖。也可用止回元件和节流元件并联而成的止回节流阀组成缓冲装置，其工作原理是：活塞接近末端时将回油口遮住，形成缓冲油腔，其中的油液只能经节流窄缝流出，增大了回油阻力，从而实现制动缓冲。

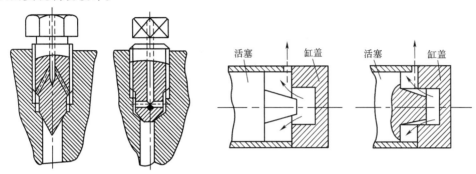

图3-20 排气塞结构　　　　　　图3-21 液压缸的缓冲结构

从上述分析可知，尽管各种缓冲的方式不同，但它们都是利用缩小通流面积、增大液阻的原理来达到缓冲制动的目的。这个原理也常应用到其他机械的液压减振装置中。

四、液压控制元件

液压系统中，需要各种不同的控制元件——液压控制阀来控制和调节液流方向、压力及流量，以满足执行元件对运动方向、输出的力或力矩、运动速度、动作顺序，以及限制和调节液压系统的工作压力，防止过载等要求。从而保证机械的各项动作准确、协调地进行。控制元件种类繁多，按其用途和工作特点的不同，主要可分为方向控制阀、压力控制阀和流量控制阀三大类。按安装连接方式的不同，常用阀件有管式和板式两种结构。流量很大的阀还可采用法兰式连接。

各种控制元件从结构上来说，它们几乎都由阀体、阀芯和调整或操纵机构三部分组成；从作用原理上来说，它们都是通过改变油液的通路或液阻来进行工作的。对阀的基本要求是：动作灵敏、准确可靠、工作平稳、结构合理、密封性好。

（一）方向控制阀

控制油液流动方向的阀称为方向控制阀，简称方向阀。在液压系统中方向控制阀用于控制油液的通、断及流动方向，以满足回路的需要。实现执行机构的启动、停止和改变运动方向。常用的方向阀分为止回阀和换向阀两种类型。其中止回阀是液压传动系统中使用最多的一种控制元件，其图形符号如图3-22所示。

1. 止回阀

1）普通止回阀

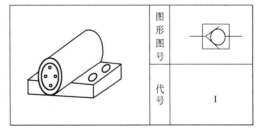

图3-22 止回阀图形符号

(1)作用。

普通止回阀的作用是控制油液只允许向一个方向流动,不能反向流动。

(2)结构原理。

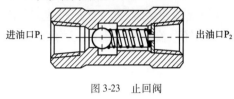

图3-23 止回阀

图3-23为普通止回阀的结构,该阀由阀体、弹簧和阀芯等组成,阀芯分钢球式和锥阀式两种。钢球式阀芯构造简单,但密封性能不如锥阀式,一般只在低压、小流量的系统中应用。当压力油从油口进入时,克服弹簧的作用力,顶开阀芯,从出油口流出。当油液反向流动时,在弹簧和压力油的作用下,阀芯紧压在阀口上,使油液不能通过。一般止回阀开启压力为 $0.35\times10^5\sim0.5\times10^5\mathrm{Pa}$。

2)液控止回阀

(1)作用。

如图3-24所示,在控制口上通压力油时,油液可双向流动,不通压力油时,只能单向流动。

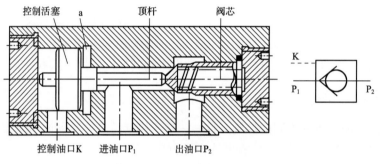

图3-24 液控止回阀结构原理及符号

(2)结构原理。

在图3-24的左侧有一个小控制活塞。当控制油口不通压力油时,主通道中的油液只能从进油口 P_1 流入,顶开阀芯从出油口 P_2 流出,相反方向则闭锁不通。当控制油口K接通压力油时,活塞左部受油压作用,因活塞的右腔a与泄油口(图中未画出)相通,控制活塞被推动向右移动,借助于悬伸的顶杆将阀芯顶开,这时进油口和出油口敞开,油液可双向自由流动。此时该阀只相当于一段油管。

在液控止回阀的图形符号中,有一段虚线,它表示与控制油口K相连接的那根控制管路。液压元件内,凡是仅起到让某构件动作作用的油路都是控制油路,用虚线表示。

2. 换向阀

1)作用

利用阀芯和阀体间相对位置的改变,来控制油液流动方向,接通或关闭油路。从而改变液压系统的工作状态。

2)结构原理

图3-25所示为二位四通换向阀的工作原理及符号。滑阀芯有左端和右端两个位置,其圆柱面上开有两个宽槽,形成3个台肩,左端与电磁铁接触,右端有压缩弹簧的作用。阀体的阀芯孔上开有5个环形槽,每槽各有一个油口分别与4个油道相通。其中P为进油口,与

液压泵的压力油相通;O 为回油口,与油箱相通;A、B 为通往液动机的工作油口。

电磁铁在线圈不通电时处于放松状态(常态,电磁铁不起作用),滑阀芯在弹簧推动下处于左端位置。这时,进油方向为 P→B,回油方向为 A→O,使活塞向一方移动。

电磁铁在线圈通电时处于吸合状态,滑阀芯在电磁力推动下,压缩弹簧后处于右端位置。这时,进油方向为 P→A,回油方向为 B→O,使活塞向反方向移动。

由此可见,电磁铁的吸合与放松,使滑阀芯做轴向移动,从而改变阀芯与阀体的台肩配合位置,切断油路,达到换向目的。这是一切电磁换向阀共同的工作原理。

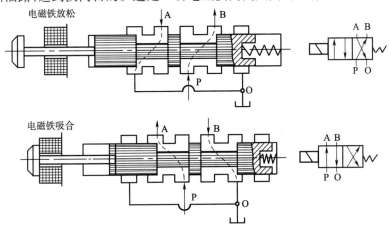

图 3-25 换向阀的工作原理

3)换向阀的图形符号及含义

换向阀的功能主要由换向阀的通路数和阀芯的位置数来决定。上述换向阀,由于它的阀体上有 4 个外接油口,阀芯在阀体内有两个工作位置,所以把此阀称作二位四通换向阀。假如把它的控制方式也表达出来,可称为二位四通电磁换向阀,它的直观外形、代号及图形符号如图 3-26 所示。

每个换向阀都可用规定的图形符号表示。

(1)位。用方框表示,有几个方框就表示有几位。它表示通道间有几种组合,即阀芯相对于阀体的工作位置数,常用的有两位和三位两种。

(2)通。表示能与系统主油路相连通的阀的油口数,即图形符号中方框的上、下边与外部油道的接口数。外部油道只允许和一个方

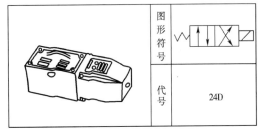

图 3-26 二位四通换向阀

框连接。常见的有二通、三通、四通和五通。通常用 P 表示进油口,用 O 表示回油口,用 A 及 B 表示与执行机构相连的油口。换向阀的位数和通数常连在一起称呼。如"二位三通""三位四通"等。

(3)箭头。表示阀芯内部的通路,即两通道在本位时相通,其次辅助表示流动方向。

(4)堵头。用封闭符号"⊥"或"⊤"表示通路油口在本位被阀芯堵死。

常用的换向阀图形符号如图 3-27 所示。

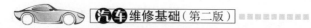

图 3-27 常用换向阀的图形符号

换向阀的滑阀操纵方式有手动、机械操纵、直流或交流电磁操纵、液动等。

4）三位四通电磁换向阀

三位四通电磁换向阀和二位四通电磁阀的区别是三位滑阀两端各有一个电磁阀；滑阀芯有 3 个位置。当左右两端的电磁铁都不通电时，滑阀芯在两端平衡弹簧作用下处于中间（常态）位置，这时 A、B、P、O 油口全部关闭，主油路互不相通。

为了满足液压系统的要求，三位滑阀中间位置的各油口，常做成不同的连通方式。每种连通方式具有一定的性能，因而它们被称位滑阀的中位机能，简称滑阀机能。若滑阀在中位时 A、B、P、O 四个油口全部关闭，使系统保持压力，液压缸被锁紧，阀具有 O 型滑阀机能。常见的有 M、H、Y、P 型等。

（二）压力控制阀

在液压系统中，需要根据负载的大小来调节工作压力。用来控制系统压力高低的元件称压力控制阀，简称压力阀。常用的压力阀有溢流阀、减压阀、顺序阀等。

1. 溢流阀

1）作用

溢流阀的作用一是可以使液压系统保持恒定的压力，起稳压溢流作用；二是可以用来防止系统过载，起安全保护作用（又称安全阀）。它一般接在液压泵出口的油路上，根据结构不同可分为直动式和先导式两类。

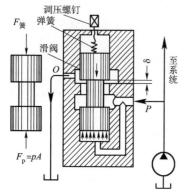

图 3-28 直动式溢流阀工作原理

2）工作原理

溢流阀（直动式）的工作原理如图 3-28 所示，溢流阀图形符号如图 3-29 所示。它由滑阀、弹簧、调压螺钉和阀体等组成。阀芯上端受到一个可由调压螺钉调节的弹簧力 $F_{弹}$ 作用，下端受到系统压力 p 所产生的液压推力 $F_P = pA$ 作用（A 为阀芯有效作用面积）。当外界负荷较小，$F_P < F_{弹}$ 时，阀芯被推至下端，阀口关闭，油液不能回油箱。当外界负荷增大，$F_P > F_{弹}$ 时，阀芯上移，阀口打开，部分油液经进油口 P、开口 δ 及出油口 O 流回油箱。阀芯上移一定距离后，当 $F_P = F_{弹}$ 时，阀芯便在某一位置上不动。由于阀芯有效作用面积 A 是固定的，于是系统压力 p 的大小就决定于弹簧力 $F_{弹}$，改变它的大小即可以调节系统的压力。

2. 减压阀

1）作用

减压阀的作用是用来降低系统中某一分支油路的压力，使该分支油路的元件获得比液压泵供油压力低而且稳定的工作压力，以满足执行机构的需要。例如夹紧、定位油路、制动、离合油路以及液压系统中的控制油路等，它们所需要的油压常低于其他工作部件的油压，这时若共用一个液压泵供油,则必须采用减压阀。减压阀有直动式和先导式两类,一般采用先导式,其图形符号如图 3-30 所示。

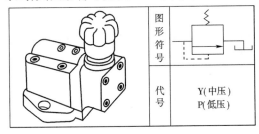

图 3-29　溢流阀图形符号

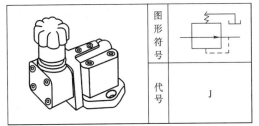

图 3-30　减压阀图形符号

2) 工作原理

减压阀的结构原理(先导式)如图 3-31 所示。它由阀芯、锥阀、平衡弹簧和调压弹簧等组成。当压力为 p_1 压力油从阀的进油口 P_1 流入,经节流缝隙 h 减压以后,压力降为 p_2 再从出油口 P_2 流出,送往执行机构。低压油经通道 a 与主阀芯的下端油腔相通,同时又经阻尼孔 b 与主阀芯的上端油腔相通,该腔经通道 c 与锥阀右腔相通,低压油给锥阀一个向左的液压力。该力与调压弹簧的弹力相平衡,从而控制低压油 p_2 基本保持调定压力。

当负载较小,P_2 口压力 p_2 小于调定压力时,锥阀芯不开,主阀芯上端油腔(通锥阀芯右端油腔)压力 $p_3 = p_2$,主阀芯上、下端液压力相等,平衡弹簧的弹力克服摩擦阻力,将主阀芯推至下端,节流口 h 打开,减压阀处于不工作状态。由于平衡弹簧只需克服摩擦阻力,故可以做得很软。

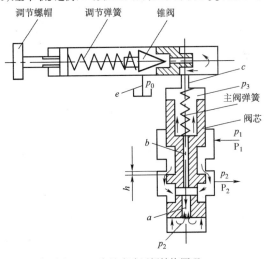

图 3-31　先导式减压阀结构原理

如果负载增大,p_2 升高,则 p_3 随之升高,当 p_3 超过调定压力值时,锥阀芯打开,少量油液经锥阀口、通道 e,由泄油口流回油箱。这时阻尼孔 b 有液流通过,产生压力降,使 $p_3 < p_1$ 当此压力差所产生的向上推力大于自重、摩擦力和平衡弹簧的弹力时,主阀芯向上移动,使 h 减小,节流加剧,p_2 下降,直到作用在主阀芯上的诸力相平衡,主阀芯便处于新的平衡位置,节流口 h 保持一定开度。

减压阀与溢流阀相比较,最主要的区别有如下方面。

(1) 减压阀利用出油口的油压与调压弹簧力平衡,而溢流阀则是利用进油口油压与弹簧力平衡。

(2) 减压阀的出油口有工作压力,所以调压弹簧腔泄油需从阀外单独用泄油管接回油箱(称外泄油),而溢流阀出油口直通油箱,所以溢流阀的泄油可沿内部通道经出油口流回油箱(称内泄油)。

(3) 非工作状态时,减压阀的阀口是常通的而溢流阀则是常闭的。

3. 顺序阀

1) 作用

顺序阀的作用是利用压力高低来自动实现某些元件的动作顺序。它实质上是一个由压力油液控制其开启的二通阀。当油液压力达到调定值时,进、出油口相通,压力油液经出油口输出,从而控制液压系统中某些元件动作的先后顺序,以实现液压系统的自动化工作。根据控制油路不同,可分为直控顺序阀(简称顺序阀)和液控顺序阀(远控顺序阀)。它图形符号如图 3-32 所示。

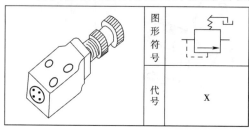

图 3-32 顺序阀图形符号

2) 结构原理

通常使用的顺序阀多为直动式,图 3-33 为直动式顺序阀结构原理图。直动式顺序阀的结构和工作原理都和直动式溢流阀相似。P_1 为进油口,P_2 出油口。进油口的压力油通过阀芯中间的小孔作用在阀芯的底部。当进油口压力较低时,阀芯在上部弹簧力作用下处于下端位置,此时油口 P_1 和 P_2 不通。当进口油压力 P_1 增大到大于弹簧调整的压力时,阀芯上移,进、出油口接通,压力油就从顺序阀流过。顺序阀开启的调整压力可用调压螺杆来调整。

顺序阀与溢流阀的区别主要有如下方面。

(1)溢流阀的出油口通往油箱,顺序阀的出油口一般是通往另外一条工作油路。所以顺序阀的进出油口油液都有一定的压力。

(2)溢流阀打开时,进油口压力基本上保持在调定值附近,顺序阀打开后进油压力可以继续升高。

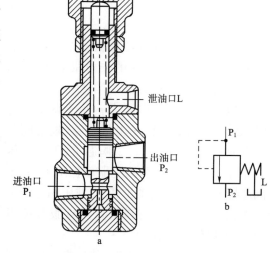

图 3-33 直动式顺序阀

(3)溢流阀的内部泄漏可以通过出油口回油箱,而顺序阀则因出油口不是通往油箱的,所以要有单独的泄油口。

4. 压力继电器

压力继电器是将液压信号转变为电信号的一种信号转换元件,它的作用是根据液压系统的压力变化自动接通和断开有关电路。图形符号如图 3-34 所示。

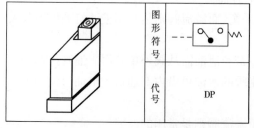

图 3-34 压力继电器图形符号

如图 3-35 所示,为常用的 DP 型压力继电器的结构原理。控制口 K 和液压系统相连通,当压力达到调定值时,薄膜下端的液压力推动柱塞上升(此时薄膜变形),同时,钢球因受到柱塞锥面的作用而向右移动,借助于杠杆压下微动开关的触头,从而发出电信号,扭动调节螺钉,改变弹簧对柱塞作用力的大小,可以调节发出电信号时的油压数值大小。

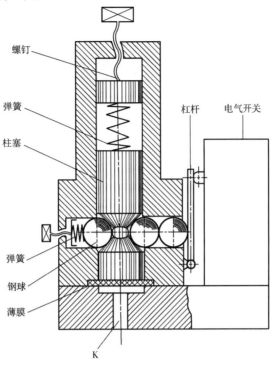

图 3-35 压力继电器结构原理

（三）流量控制阀

在液压传动中，用来控制液流流量的阀为流量控制阀，简称流量阀，常用的流量阀有节流阀和调速阀。其中节流阀是最基本的流量控制阀。

1. 节流调速原理

在液压传动系统中，较高流速的油液经过阀的小孔或狭缝时，会遇到较大的阻碍作用。阀口通流面积越小，液阻也就越大，因而通过的流量就越小。当液压缸的活塞大小一定时，活塞的运动速度与进入液压缸的流量成正比。通过改变节流开口的大小来控制通过阀的流量就是流量阀节流的原理。因此，流量阀通过控制液压缸或液压马达的流量，就可达到调节执行机构工作速度的目的。

2. 常用节流口的形式

节流口形式很多，如图 3-36 所示。

3. 节流阀

1）作用

节流阀的作用是调节流量控制液压缸速度，图形符号如图 3-37 所示。

2）结构原理

如图 3-38 所示，油从入油口 P_1 流入，经过阀芯下端的轴向三角节流槽，再从出油口 P_2 流出。拧动阀右边的调节螺杆，就可以使阀芯做轴向移动，从而改变节流口的开口面积，使通过的流量得到调节。假如油从 P_2 流向 P_1，节流阀同样能调节流量，因此节流阀是不分流动方向的。这种普通节流阀,结构简单,制造容易体积小,但负载和温度的变化对流量的稳定性影响较大,因此只适用于负载和温度变化不大或速度稳定性要求较低的液压系统。

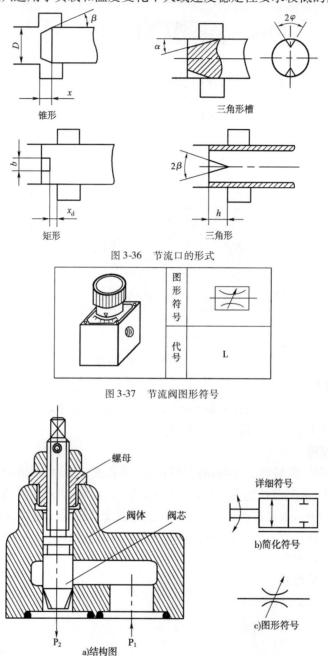

图 3-36　节流口的形式

	图形符号	
	代号	L

图 3-37　节流阀图形符号

图 3-38　节流阀工作原理

4. 调速阀

节流阀只能调节工作速度,不能稳定工作速度。这对于速度稳定性要求高,而负载变化又较大的液压系统就不适用。这时就必须采用另一种流量控制阀——调速阀。

调速阀由一个节流阀和减压阀组合而成。当工作负载变化时,减压阀能自动保证节流阀口前后的压力差不变,从而稳定了调速阀的流量,也就稳定了液压缸的运动速度。在液压系统中,凡是能用节流阀调节流量的地方,都可以采用调速阀。调速阀图形符号如图3-39所示。

调速阀的工作原理,如图3-40a)所示。压力为 p_1 的油流经减压阀到节流阀前的压力为 p_2,节流阀后的压力为 p_3。p_2 作用于减压阀阀芯右边端面 A_1 和 A_2 上,p_3 流向液压缸并作用于减压阀阀芯左边端面 A 上,而且减压阀阀芯左右两端的作用面积 $A = A_1 = A_2$。图3-40b)是阀芯的受力情况:作用于阀芯左端的力为 $p_3A + F_{簧}$;作用于阀芯右端的力为 $p_2A_1 + p_2A_2$,当阀芯平衡时,略去摩擦力,得:

$$p_3A + F_{簧} = p_2A$$

即:

$$p_2 = \Delta p = F_{簧}/A$$

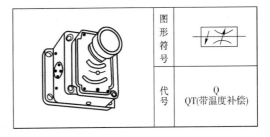

图3-39 调速阀图形符号

由于弹簧很软,且阀芯移动量很小,因此 $F_{簧}/A$ 可认为是常量,所以 Δp 也基本是常量。当载荷 F 增大,使 p_3 值增加时,阀芯向右移,减压阀的开口间隙增大,压力降减小,使 p_2 增大,保持 Δp 基本上为一定值。载荷 F 减小,使 p_3 下降,则阀芯向左移,减压阀开口间隙减小,压力降增大,使 p_2 减小,保持 Δp 仍基本上为一定值,因此在因载荷 F 的变化而造成压力 p_3 波动时,调速阀能使通过的流量基本不变,使执行机构的运动速度保持稳定。

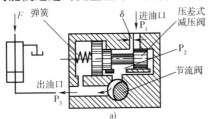 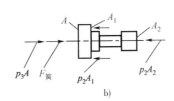

图3-40 调速阀工作原理

五、液压辅件

(一)油箱

如图3-41所示,油箱用来储油、散热和分离油中的空气和杂质。在中小型液压系统中,往往把泵装置和一些元件安装在油箱顶板上使液压系统结构紧凑。

油箱有总体式和分离式两种。总体式油箱与机械设备制作在一起,利用机体空腔部分作为油箱。此种形式结构紧凑,各种漏油易于回收,但散热性差,容易使邻近构件发生热变形,从而会影响机械设备精度。另外,总体式油箱缺点是维修不方便,使机械设备复杂。分离式油箱是一种单独的与主机分开的装置,它布局灵活,维修方便,可减小油箱发热和液压振动对工作进度的影响,便于设计成通用化、系列化的产品,因而得到广泛应用。特别是组合机床、自动线和精密设备,大多采用分离式油箱。油箱应有足够大的容积,以保证油液在工作时的温度不高于40℃。回油管和吸油管都应插在油箱中,并用高度为2/3油液深度的挡板隔开，以免回油管排出的小颗粒和气泡进入吸油管，吸油管末端也不要放得太低，以免把沉淀在箱底的脏物吸入油管。

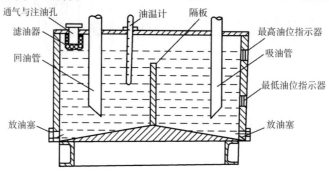

图 3-41　分离式油箱

（二）油管和管接头

1. 油管

液压系统中常用的油管有钢管、铜管、橡胶软管、尼龙管、塑料管等。固定元件的油管常用钢管和铜管；有相对运动的元件之间采用软管连接。回油管可用尼龙管和塑料管；图 3-42 是金属硬管连接实例。图 3-43 是橡胶软管连接实例。要尽量避免管接头附近的软管立即弯曲，要防止软管受拉或扭曲，软管交叉时应尽量避免接触摩擦，为此可设置管夹子。

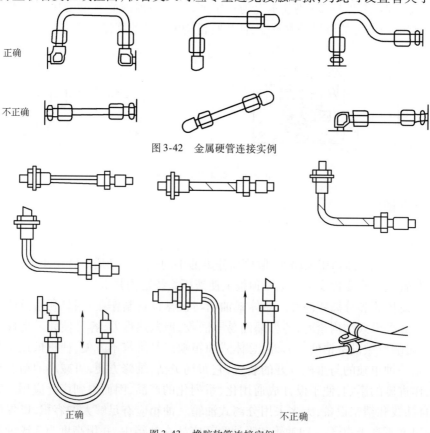

图 3-42　金属硬管连接实例

图 3-43　橡胶软管连接实例

2. 管接头

管接头是油管与油管、油管与液压元件之间可拆装的连接件。它应满足拆装方便、连接牢固、密封可靠、外形尺寸小、通油能力大等要求。管节头的形式和种类很多,按外形分为直通、弯头、三通等;按接头和油管的连接方式不同,又可分为扩口式、焊接式、卡套式等。管接头处如处理不当,容易漏油。安装管螺纹时,一般在外螺纹上涂密封胶,将会有利于密封。

(三) 滤油器

滤油器用于过滤油液中的杂质,避免管道、元件内腔可能发生的堵塞以及由此而造成的故障。滤油器通常安装在液压泵的吸油管路上或重要元件的前面,如图 3-44 所示。常用的滤油器有网式滤油器、线式滤油器、烧结式滤油器和纸芯式滤油器等。

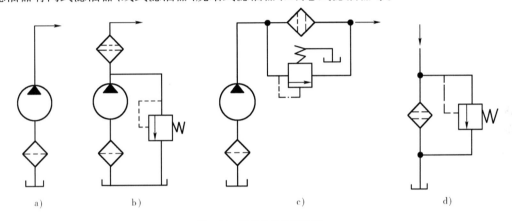

图 3-44 滤油器的安装位置

(四) 压力表

液压系统中各工作点(如液压泵出口、减压阀后面、润滑系统等)的压力,一般都借助于压力表来观察,以便调整到要求的工作压力。

六、液压基本回路

一台机械的液压系统虽然比较复杂,但它总是由若干个基本回路组成。所谓液压基本回路是指由若干个液压元件和油管组成,并能完成特定功能的典型回路。多个具有不同功能的回路组合起来,就可形成一个能完成一定动作的液压系统。对于任何一种液压系统,不论其复杂程度如何,实际上都是由一些液压基本回路所组成。常用的基本回路按其功能可分为方向控制回路、压力控制回路、速度控制回路和顺序控制回路四大类。

(一) 方向控制回路

在液压系统中,工作机械的起动、停止或改变运动方向,是利用控制进入工作执行元件的液流的通、断和流动方向来实现的。因而,把控制液流的通、断和流动方向的回路称为方向控制回路。

1. 换向回路

液压系统中执行元件的换向动作大部分是由换向阀来实现的,如图 3-45 所示的换向回路,其原理不再赘述。根据工作机构换向的要求,可以选用二位或三位,四通或五通,手动、机动、液动、电动等各种控制类型的换向阀。

2. 闭锁回路

为了使执行元件在任意位置上停止及防止其停止后窜动,可采用闭锁回路。

1)采用 O 型换向阀的闭锁回路

如图 3-46 所示,当 1DT、2DT 电磁铁都断电时,阀芯处于中间位置,液压缸的工作油口被封闭。由于缸的两腔都充满了油液,而油液又是不可压缩的,所以向左或向右的外力都不能使活塞移动,于是活塞就被双向锁紧。只要改变行程开关挡铁的位置就可使活塞锁紧在任意位置上。这种闭锁回路,由于换向阀密封性差,存在泄漏,故锁紧效果也比较差,但结构简单。

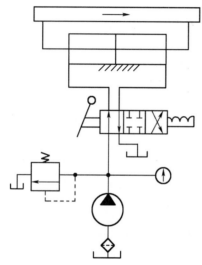
图 3-45 用换向阀的换向回路

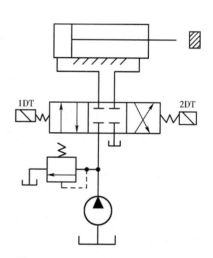
图 3-46 用 O 型机能换向阀的闭锁回路

2)采用液控止回阀的锁紧回路

如图 3-47 所示,液压缸进出油路上各安装一只液控止回阀,当换向电磁铁 1DT 通电时,左位接入系统,压力油经液控止回阀 A 进入液压缸左腔,同时压力油也进入液控止回阀 B 的控制油口 K,打开阀 B,液压缸右腔回油可经阀 B 及换向阀回油箱,活塞便向右运动,反之向左当换向阀处于中位时,由于控制压力油的压力卸出,液控止回阀 A、B 关闭,液压缸左右两腔封闭,活塞被锁紧。液控止回阀的密封性好,所以锁紧效果也好。

(二)压力控制回路

压力控制回路用于调节系统或系统某一部分的压力。它可以实现稳压、减压、增压、平衡、多级压力控制等功能,以满足执行元件对油压的要求。

1. 调压回路

很多液压传动机械在工作时,要求系统的压力能够调节,以便与负载相适应,这样才能节省动力损耗,减少油液发热;还要求整个系统或局部油压保持恒定,或者限定其最高压力,这就需要调压回路。

1)压力调定回路

如图 3-48 所示,在定量泵液压系统中,采用溢流阀来保持系统压力,液压泵的供油压力由溢流阀来调节。系统工作时,定量泵排出的油除满足系统用油和补偿系统的泄漏外,多余部分通过溢流阀流回油箱。所以,这种回路效率较低,一般用于流量不大的情况。

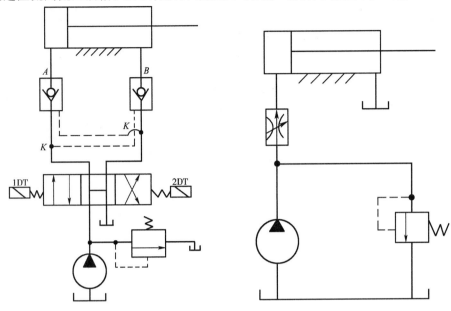

图 3-47　用液控止回阀的闭锁回路　　　　图 3-48　压力调定回路

2) 多级压力回路

某些液压传动机械在工作过程的各个阶段需要不同的压力,如图 3-49 所示,活塞上升和下降过程中需要不同的压力,这时就要应用多级压力回路。图 3-49 为用两个溢流阀分别控制两种压力的二级压力回路。活塞下降是工作行程,需要压力大,由溢流阀 1 调定,数值较大。活塞上升是非工作行程,系统压力由溢流阀 2 调定,数值较小。上下方向及压力变换可以用换向阀控制。

2. 减压回路

对于只有一个液压泵的液压系统,若某个执行元件或某个支路所需的工作压力比溢流阀所调定的压力低,便要采用由减压阀组成的减压回路。

如图 3-50 所示,液压泵的最大工作压力由溢流阀根据主油路所需压力调整。图中该液压缸所需压力比主油路压力低,为此,在分支油路中设减压阀来获得所需要的压力。

3. 增压回路

增压回路用来使局部油路或个别执行元件得到比主系统油压高得多的压力。增压的方法很多,如图 3-51 是用增压缸的增压回路。

增压缸由大、小两个液压缸 e 和 f 组成,缸 e 中的大活塞和缸 f 中的小活塞用一根活塞杆连接起来。当压力油进入液压缸 e 的左腔,油压就作用在大活塞上,推动大小活塞一起向右运动,这时 f 缸里就可以产生更高的油压。

图中补油箱的主要作用是在工作油缸活塞上升时(即增压液压缸的活塞左移时),使油液可以通过止回阀进入缸 f,以补充这部分管路的泄漏。

4. 卸荷回路

当执行元件停止运动以后,系统暂时不需要压力油,液压泵卸压空载运转,这种现象称为卸荷,即液压泵输出的油液以最小的压力直接流回油箱。卸荷可以节省驱动液压泵电动机的动力消耗,减少系统发热,并可延长液压泵的使用寿命。

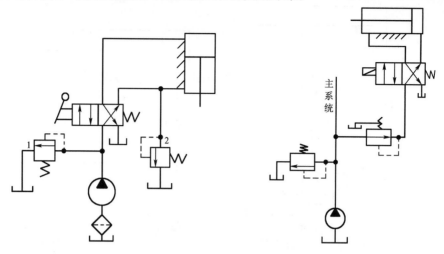

图 3-49　二级压力回路　　　　　图 3-50　用减压阀的减压回路

图 3-52 为用三位换向阀的卸荷回路。当换向阀处于中间位置时,液压泵输出的油液可以经换向阀中间通道直接流回油箱,实现液压泵卸荷。

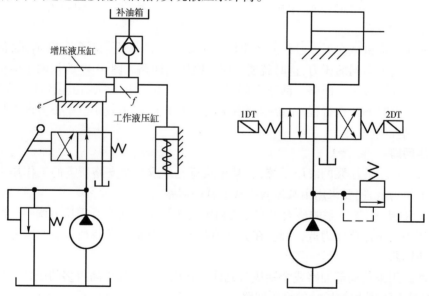

图 3-51　用增压缸的增压回路　　　图 3-52　用三位换向阀的卸荷回路

(三)速度控制回路

速度控制回路用于控制工作机构的运动速度。实现速度控制的方法很多,常用的有节流调速回路和容积调速回路。

1. 节流调速回路

在采用定量泵的液压系统中,利用节流阀或调速阀来改变进入液压缸的流量从而实现速度调节的方法,称为节流调速。它的优点是结构简单、成本低、使用维护方便,广泛应用于中小型机床的液压系统中。而在工程机械中,速度的改变是用换向阀的手柄控制阀芯与阀体间形成的阀口截面积来实现的。这时的手动换向阀起着换向和节流双重作用,故具有节流调速的性质。

根据节流阀在油路中的安装位置,可分为进油节流调速和回油节流调速两种。

1) 进油节流调速回路

如图3-53所示,节流阀串联在液压泵和液压缸之间,液压泵输出的压力油经节流阀进入液压缸。调节节流阀的开度,可调节进入液压缸的流量,从而调节液压缸中活塞杆的工作速度,而多余的油液经溢流阀流回油箱。在工作中,溢流阀经常处于开启状态,所以液压泵总是以溢流阀的调整压力供油,与外载荷的变化无关。

这种回路的优点是回油路压力接近于零,可以获得较大的推力,同时还能得到较低的运动速度(当节流阀的最小稳定流量为一定且为单杆液压缸时)。但当负载突然变小时,可能产生突然快进,使运动不够平稳,速度的稳定性较差,低速低载时系统效率低,所以一般用在功率较小、负载变化不大的液压系统中。

2) 回油节流调速回路

如图3-54所示,节流阀安装在回油油路上,限制液压缸的回油量,从而限制了进入液压缸的流量,因此调节节流阀开度的大小,同样可以达到调节液压缸运动速度的目的。液压泵多余流量从溢流阀流回油箱,供油压力由溢流阀调节。

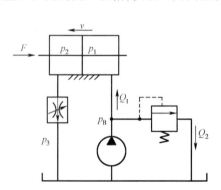

图3-53 进油节流调速回路

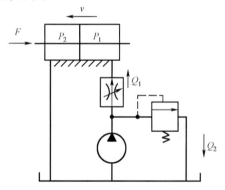

图3-54 回油节流调速回路

这种回路由于回油路上有较大的背压,在外界负荷变化时可起缓冲作用,所以运动平稳性比前一种好,一般适用于功率不大、负载变化较大或运动平稳性要求较高的液压系统中。

上述两种节流阀调速回路的速度稳定性都较差,为了使速度不随负荷的变化而波动,可以在回路中接入调速阀代替节流阀。

2. 容积调速回路

用改变变量泵或变量电动机排量的方法来控制液动机的运动速度称为容积调速。图3-55所示为变量泵调速回路。液压泵输出的压力油全部进入液压缸,推动活塞运动。调节变量泵转子与定子间的偏心距(如单作用叶片泵)或倾斜角(如轴向柱塞泵)可以改变输油量的大小,从而可以改变活塞运动速度。系统中的溢流阀起安全保护作用,在系统过载时才打开溢流,以限定系统的最高压力。

与节流调速相比,容积调速的主要优点是效率高(压力和流量的损耗小),回路发热量少故适用于功率较大的液压系统中。

3. 容积节流调速回路

采用变量泵和节流阀(或调速阀)相配合来进行调速的方法,通常称为容积节流复合调速。这种调速方法具有工作稳定、效率较高的优点。

图 3-56 为限压式变量叶片泵和调速阀组成的容积节流复合调速回路。调节调速阀节流口的大小,就能改变进入液压缸的流量,从而改变液压缸的运动速度。如果调节调速阀使其流量为 Q_1,泵的流量为 Q,且 $Q > Q_1$,由于系统中没有溢流阀,多余的油没有去处,必然使泵和调速阀之间的油路压力升高,而限压式变量叶片泵的特点是当工作压力增大到预先调定数值以后,泵的流量会随着工作压力的增加而自动减小,直到 $Q = Q_1$ 为止。

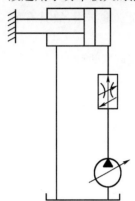

图 3-55 变量泵调速回路

在这种回路中,泵的输油量与系统的需油量(即调速阀的通过流量)相适应,因此效率高、发热低。同时,由于采用了调速阀,液压缸的运动速度基本上不随负载而变化,在较低的工作速度下,运动也较稳定。

4. 速度换接回路

1) 慢速与快速换接回路

图 3-57 为用短节流量阀的速度换接回路。图中所示的位置为慢速,当二位二通阀电磁铁 1DT 通电时,调速阀被短接,回油直接经二位二通阀流入油箱,活塞运动速度即由慢速转变为快速。这种回路比较简单,应用相当普遍。

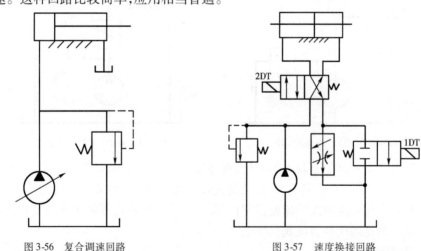

图 3-56 复合调速回路 　　　　图 3-57 速度换接回路

2) 二次进给回路

图 3-58a)所示为调速阀串联的二次进给回路。调速阀 A 用于第一次进给节流,调速阀 B 用于第二次进给节流。图示位置为第一次工作进给状态,压力阀通过调速阀 A 以后,经二位二通阀流入液压缸,进给速度由阀 A 调节。当阀 C 通电后,右位接入系统,流进调速阀 A 的油液需经调速阀 B 后再流入液压缸,如果调速阀 B 调节的流量比 A 小,则第二次进给速度将取决于阀 B 的调节量。所以调节调速阀 B 的开度,可以改变第二次工作进给的速度。

调速阀串联时,由于后一调速阀只能控制更低的速度,因而调节受到一定的限制。

如果将两个调速阀并联,如图3-58b)所示,就可以克服上述缺点。二位三通电磁阀在图示位置为第一次工作进给状态,进给速度由调速阀 A 调节。当换向阀换向后,系统转换为第二次工作进给,进给速度由调速阀 B 调节。

(四)顺序动作回路

在液压传动的机械中,常常要求某些执行元件的运动严格按顺序依次动作,顺序动作回路就是满足这些要求的液压回路。常用的顺序动作回路按控制原理可分为压力控制和行程控制。下面以压力控制的液压钻床为例来介绍一种顺序动作回路。

图3-59所示为用顺序阀的顺序动作回路。阀 A 和阀 B 是由顺序阀与止回阀构成的组合阀,称为止回顺序阀。系统中有两只液压缸:钻孔液压缸和夹紧液压缸要求实现的顺序动作为1-2-3-4,即:

(1)夹紧液压缸向右前进,到位后;
(2)钻孔液压缸也向右前进,到位后;
(3)钻孔液压缸退回原位;
(4)夹紧液压缸退回原位。

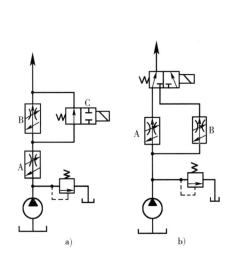

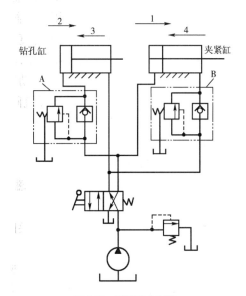

图3-58 二次进给回路

图3-59 顺序动作回路

动作开始时搬动二位四通换向阀,使其左位接入系统,压力油只能进入夹紧液压缸的左腔,回油经阀 B 中的止回阀回油箱,实现动作1。活塞右行到达终点后,夹紧工件,系统压力升高,打开阀 A 中的顺序阀,压力油进入钻孔液压缸左腔,回油经换向阀回油箱,实现动作2。钻孔完毕以后,松开手柄,搬动换向阀换向,使回路处于图3-59所示状态,压力油先进入钻孔液压缸右腔,回油经阀 A 中的止回阀及手动换向阀回油箱,实现动作3,钻头退回。左行到达终点后,油压升高,打开阀 B 中的顺序阀,压力油进入夹紧液压缸右腔,回油经换向阀回油箱,实现动作4,至此完成一个工作循环。

这种顺序动作回路的可靠性在很大程度上取决于顺序阀的性能和压力调定值。为了保证严格的动作顺序,应使顺序阀的调定压力大于先动作的液压缸的最高工作压力,一般应大于 $8×10^5 \sim 10×10^5$ Pa。否则顺序阀可能在压力作用下先行打开,使钻孔液压缸产生先动现象(也就是工件未夹紧就钻孔),影响工作的可靠性。此回路适用于液压缸数目不多、阻力变化不大的场合。

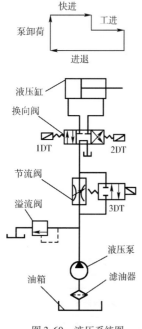

图 3-60 液压系统图

(五)液压系统的基本回路分析

任何一种液压系统回路,都是由前面所介绍的基本回路组成。现以图 3-60 所示的液压系统为例进行分析。

1. 系统的基本回路

(1)用换向阀控制的换向回路:由三位四通换向阀来实现。当电磁铁 1DT 通电而 2DT 断电时,活塞向右移动,反之,则向左移动。

(2)采用换向阀控制的锁紧回路:当 1DT 和 2DT 都断电时,滑阀处于中间位置,通液压缸两腔的油口封闭,液压缸被锁紧在行程的任意位置上。

(3)采用节流阀控制的调速回路:节流阀串联在液压泵和液压缸之间,构成了进油节流调速回路。

(4)采用节流阀和换向阀控制的速度回路:节流阀与二位二通电磁阀组成了速度控制回路,在图示位置时为慢进。当 3DT 通电时,节流阀被短接,液压泵输出的油液直接从二位二通电磁阀流入液压缸活塞的运动速度由慢变快。

(5)采用溢流阀控制的调压回路:用溢流阀调节整个系统的压力并使它保持不变,当系统过载时能溢流。

2. 系统的动作顺序

(1)快进(活塞向右快速给进)。

进油油路:单向定量泵→二位二通电磁阀(右位)→三位四通换向阀(左位)→液压缸(左腔)。

回油油路:液压缸(右腔)→三位四通换向阀(左位)→油箱。

(2)工进(活塞向右工作给进)。

进油油路:单向定量泵→节流阀→三位四通换向阀(左位)→液压缸(左腔)。

回油油路:液压缸(右腔)→三位四通换向阀(左位)→油箱。

(3)快退(活塞向左快速退回)。

进油油路:单向定量泵→二位二通电磁阀(右位)→三位四通换向阀(右位)→液压缸(右腔)。

回油油路:液压缸(左腔)→三位四通换向阀(右位)→油箱。

(4)卸荷。

活塞锁紧在任意行程位置,泵卸荷。油路为:单向定量泵→二位二通电磁阀(右位)→三位四通换向阀(中位)→油箱。

通常用"+"表示换向阀电磁铁通电,用"-"表示换向阀电磁铁断电,现将上述 4 种动作关于电磁铁的工作状态列表,如表 3-1 所示。

换向电磁铁工作状态图 表3-1

电磁铁动作	1DT	2DT	3DT	电磁铁动作	1DT	2DT	3DT
快进	+	−	+	快退	−	+	+
工进	+	−	−	卸荷	−	−	+

(六)液压系统常见的故障及原因

1. 噪声

噪声是液压系统中最常见的故障之一,有时还伴随振动,产生噪声的原因有如下方面。

(1)液压系统混入空气。

(2)液压泵故障和阀类元件损坏。

(3)管道过细过长,安装固定不牢。

2. 爬行

爬行是指执行机构的运动速度不均匀,常出现在运动速度较低和润滑条件不良的情况下。产生爬行的原因有如下方面。

(1)液压系统混入空气。

(2)相对运动件间的机械摩擦阻力太大或变化较大。

(3)相对运动件间表面润滑不良。

(4)油液不干净。

(5)液压系统的回油无背压。

3. 系统压力过低或没有压力

产生的原因有如下方面。

(1)液压泵故障。如转向不对、转速过低或功率太小、零件损坏、密封不严、吸油管阻力大或漏气。

(2)阀类元件故障,特别是溢流阀的故障。

4. 油温过高

液压传动系统一般要求油温为30~50℃,最高不超过60℃,油温过高的原因有如下方面。

(1)定量泵节流调速系统要比变量泵调速系统温升快,因为节流阀、溢流阀要消耗一部分功率。

(2)油液流经管道、管接头、滤油器和各种液压元件时的压力损失较大。

(3)液压元件的泄漏损失转变为油液的内能,使油温升高。

(4)油箱散热不良。

课题二 气压传动

一、概述

气压传动是以压缩空气为动力,通过对压缩空气的压力、流量和方向的控制来驱动执行机构,实现各种动作,并对外做功,如常见的气压制动系统、气控车门启闭机构等都是典型的气压传动技术在汽车上的应用。

(一)气压传动的特点

气压传动的特点有如下方面。

(1)气压传动以空气为工作介质,取之不尽,故无介质供应的困难和介质费用的支出;用完之后直接排放,也不污染环境,气压传动管路也较简单。

(2)压缩空气的工作压力较低,一般为 $4×10^5 \sim 8×10^5 Pa$,因此,可降低气动元件的精度要求,使元件制作容易,成本低。

(3)空气的性质受外界影响较小,所以适合在高温、防爆、振动、腐蚀等恶劣环境中工作。

(4)气压元件反应灵敏、动作迅速,一般只需 $0.02 \sim 0.3s$ 就可以建立起需要的压力和速度。因此,特别适用于一般设备的控制。

(5)空气的黏度很小,在管道中流动时的压力损失较小,故压缩空气便于集中供应和长距离输送。

(6)由于气体的可压缩性,便于实现系统的自动过载保护。

(7)气动元件维护使用方便,管路也不易堵塞,不存在介质的变质、补充、更换等问题。

(8)由于空气的可压缩性,使气动装置的工作速度不易稳定和调节。特别是外负载变化时,对系统的影响很大。

(9)由于空气工作压力较低,在同等载荷的条件下,气动元件较液压传动元件结构尺寸大。

(10)气动装置中的信号传递速度较慢,噪声较大。

(二)气压传动与液压传动的区别

气压传动与液压传动的区别有如下方面。

(1)液压传动的工作介质是液压油,成本较高,外泄漏后会污染环境。气压传动以空气为工作介质,无能源成本,不污染环境,传动管路也简单。

(2)液压油容易建立压力,高压可达几十兆帕以上,通常使用的也有几兆帕。空气因泄压,不易建立起很高的压力,常用的压缩空气压力为 $0.6 \sim 0.8MPa$,这就使气压传动存在装置结构大、输出力小的缺点,但气压传动也因此而造价低。

(3)液压油黏度大,流动中能耗大,不易长距离输送。气压传动中的压缩空气因黏度小,适宜长距离输送。

(4)液压油不易压缩,油缸速度较稳定;而空气易压缩,气缸速度不稳定,在载荷变化和低速运动时更加严重,所以气压传动一般应用在对速度稳定性要求不高的场合。

压缩空气一般都是集中供应,空气压缩机的内容在其他专业课程中有详细介绍,故本书不再重复这方面的内容,只介绍其他的气动元件及其回路。

二、气动控制阀

气压传动的气源为空气压缩机。由于气压传动是长距离集中供气的,所以一台设备的气动系统与空气压缩机直接连接的不多。供气管道中的压缩空气也并非直接输入到气压传动系统中,它需要作进一步的处理后才能使用,如调压、过滤、润滑等。

调压阀、分水滤气器和油雾器是对气源进行上述处理的 3 个主要元件。虽然调压阀属于控制元件,分水滤气器和油雾器属于辅助元件,但是它们通常组装在一起共同完成气源的处理工作,所以人们习惯上统称它们为气动三大件。

(一)调压阀

1. 作用

气动调压阀的作用在于减压和稳压。

气动调压阀的原理和液压传动中的减压阀相似,主要不同点在于液压中的减压阀的调节弹簧,通过阀芯和液压力相平衡,而气压调节阀的调节弹簧通过橡胶膜片和气体压力相平衡。

2. 安装及使用

阀体上箭头指示方向为气体流动方向,不可装反;在调压阀前装分水滤气器,调压阀后装油雾器;调压阀不用时应旋松手柄,以免膜片长期受压引起塑性变形,影响精度;调压阀应垂直安装。

(二)流量控制阀

在气压系统中,有时要求执行机构的工作速度能调节、换向阀的换向时间能控制、控制信号速度可调节等,这都要通过调节压缩空气的流量来实现。

流量调节阀包括节流阀(以针阀用得最多)、止回节流阀、延时阀等。气动系统的节流阀与液压系统类同,不再重复介绍。

(三)方向控制阀

方向控制阀是用来控制气体流动方向和气流通断的气动控制元件。它的动作原理和结构与液压换向阀近似,分类也大致相同,有止回阀和换向阀两类。

三、气缸

气缸是将压缩空气的压力能转变为机械能,并驱动工作机构作往复直线运动或摆动的装置。其种类及结构形式与液压缸基本相同。目前最常选用的是标准气缸,其结构和参数都已系列化、标准化、通用化。图 3-61 所示是 QGC 系列无缓冲普通气缸。

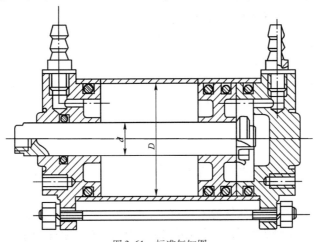

图 3-61 标准气缸图

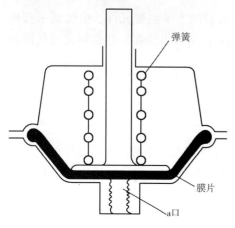

图 3-62 膜片式气缸结构示意图

其他较为典型的气缸是膜片式气缸。膜片式气缸是一种用压缩空气推动非金属膜片作往复运动的气缸。图 3-62 是膜片式气缸的结构示意图。气缸由 a 口进排气,靠弹簧力复位,膜片由夹织物橡胶制成。这种气缸的结构紧凑、无泄漏损失、成本低、维修方便、行程较小,适用于气动夹具自动调节阀及短行程工作场合。

四、辅助装置

在气动控制系统中,经常要遇到空气的过滤,气动元件的润滑,气压信号的放大、延时、转换、显示等,还会遇到消声处理、管道连接等问题。这些问题,用辅助装置来解决。接下来主要介绍过滤器、油雾器和消声器。

(一)过滤器

过滤器种类很多,但工作原理大致相同,使用较广的是分水滤气器。

1. 作用

过滤器的作用是滤除空气中的水分、油滴及脏物,净化气源。

2. 结构原理

如图 3-63 所示,压缩空气从输入口进入后,沿旋风叶片强烈旋转,离心力使气体中较大的水滴、油滴和灰尘在与水杯内壁摩擦过程中分离出来,并沉积于存水杯的底部。然后气体通过滤芯,剩余少量的微粒灰尘、雾状水被滤除后,洁净的空气从输出口输出,供气动系统使用。挡水板的作用是防止气体旋涡把杯中的积水卷起,破坏分水滤气器的过滤作用。当杯中的积水接近挡水板时,应及时打开放水阀,把积水放掉。

由于这种过滤器大大减轻了滤芯的负担,从而延长了滤芯的使用时间,而且过滤面积大,压力损失小。

3. 安装及使用

过滤器安装在气源入口处,调压阀之前;壳体上的箭头为气流方向,不能装反;使用一段时间后若发现滤芯变色、油泥较多时,应拆下滤芯并在酒精中洗刷干净,干燥后装上继续使用。

(二)油雾器

1. 作用

油雾器将润滑油雾化并喷射到压缩空气中去,起润滑气阀及气缸摩擦面的作用。

2. 结构原理

如图 3-64 所示,压缩空气从气流入口进入,通过喷嘴下端的小孔进入阀座的腔室内,在截止阀的钢球上下表面形成差压,由于泄漏和弹簧作用,而使钢球处于中间位置。压缩空气

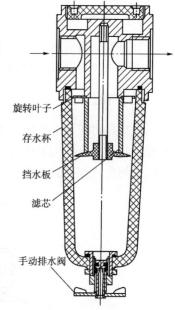

图 3-63 分水过滤器

进入存油杯的上腔,油面受压,压力油经吸油管将止回阀的钢球顶起。钢球上部管道有一个方形小孔,钢球不能将上部管道封死,压力油不断流入视油杯内,再滴入喷嘴中,被主管气流从上面小孔引射出来,雾化后从输出口输出。

3. 安装及使用

油雾器安装在分水过滤器和调压阀之后,否则会损坏减压阀内橡胶薄膜;油面不能太高,一般不超过截止阀外螺母,否则油雾会中断;节流阀用来调节供油量,一般以每 $10m^3$ 自由空气供给 $1cm^3$ 润滑油;可在不停气的情况下松开加油旋塞往杯内加油,但加油时须保持不低于 0.1MPa 的压力,否则会由于截止阀关不严而让压缩空气进入杯中,使杯中油液从旋塞口往外喷出。

(三) 消声器

气缸、气阀在工作时排气速度较高,气体体积剧烈膨胀会产生刺耳的噪声,噪声的强弱随排气的速度、排气量和空气通道的形状而变化。排气的速度和功率越大,噪声也越大。一般可达 100~120dB。为了降低噪声,一般在排气口装设消声器。

消声器是通过阻尼或增加排气面积来降低排气的速度和功率,从而降低噪声的。通常消音器有吸收型、膨胀干涉型和膨胀干涉吸收型 3 种。图 3-65 所示是吸收型消声器的结构图,消声套用铜颗粒烧结成型,是目前使用最广泛的一种。

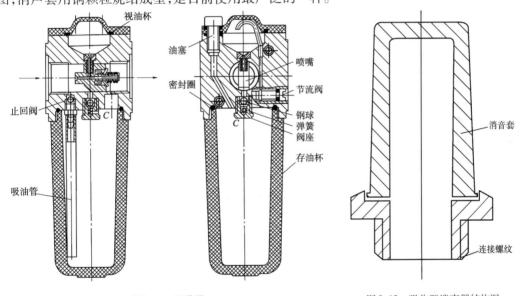

图 3-64 油雾器　　　　　　　图 3-65 吸收型消声器结构图

五、气压传动的应用

气压传动在汽车和汽车修理中得到了广泛的应用。如中型以上汽车的制动系中基本上都采用气压制动。在汽车修理车间中,气动扳手、空气锤等也都应用了气动技术。

公共汽车的车门启闭机构部分采用了气压技术。图 3-66 所示为采用连杆传动的车门启闭机构简图。当气缸内的活塞受气压作用向左运动时,其连杆带动左扇车门轴上的摇臂,使左扇车门开启。同时,通过中间的换向摇臂带动右侧连杆和右侧车门轴上的摇臂,使右扇车门开启。反之,则使车门关闭。

车门启闭的气路原理如下所述。

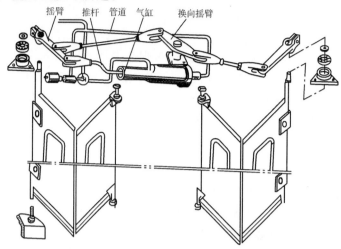

图 3-66　车门启闭机构

（1）车门关闭后的情况如图 3-67a）所示。压缩空气按图示实线箭头的方向从储气筒经过旋转手截阀后分成两路,其中到电磁阀的一路因进气孔 A 在关闭状态而堵塞；另一路即沿管道进入气缸的左腔,使活塞左侧面受到压缩气压。同时,电磁阀的排气孔 B 处于打开的状态,使气缸的右腔按箭头方向经管道与排气孔通向大气。由于左侧气压大于右侧,故活塞向右移动,活塞的连杆拉动车门到关紧为止。

（2）车门开启后的情况如图 3-67b）所示。当控制车门启闭的电门接通后,磁阀的阀芯受电磁开关的推力而被推向右方,将进气阀口 A 打开,排气阀口 B 堵断。这时压缩空气按箭头方向从储气筒经手截阀后分成两路,一路进入气缸的左腔,另一路通过孔 A 进入气缸的右腔。但由于活塞左侧的面积小于右侧的面积,故右侧的压力大于左侧,使活塞向左移动。活塞的推杆带动连杆机构使车门开启。

（3）车门关闭过程如图 3-67c）所示。当切断电磁开关的电源后,电磁阀的阀芯失去电磁开关的推力,但因受弹簧力作用而返回左方,将进气阀口 A 关闭,排气阀口 B 打开,这时气缸右腔的压缩空气从排气口 B 排放到大气,而气缸左腔仍然是压缩空气。由于活塞左侧的压力大于右侧,从而使活塞向右移动,并通过连杆机构使车门逐渐合拢。

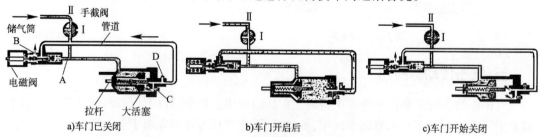

图 3-67　车门启闭的气路原理

气缸右侧端盖上有两个气孔 C 和 D,当活塞开始向右移动时都可排气。调整气孔 C 和 D 的调整螺钉,可调节孔隙的大小,从而改变车门的启闭速度。可调速范围一般是 2~6s。

单元四
金属材料

金属及其合金称为金属材料。金属材料是以一种金属(金属元素)为基础,加入其他金属(金属元素)或非金属(非金属元素)后,经过熔炼而获得的具有金属特性的材料。金属材料是使用最为广泛的工程材料,是制造各种机械设备的基本物质。一辆汽车中有上万个零件,其中70%~80%是由金属材料制造的,本单元主要介绍有关汽车制造中所用金属原材料的成分、牌号、性能的基本知识。

课题一 金属材料的力学性能

汽车在行驶中承受一定的载荷,汽车上各个零件均会受到外力作用,有的力使零件产生相对运动和变形,有的力则只使零件发生变形而不产生相对运动。为了保证汽车能正常工作,就要求零件能够承受变形或相对运动。

金属材料在外力作用下表现出来的性能,如强度、硬度、弹性、塑性、韧性等称为金属材料的力学性能。这些性能指标一般都是按规定把金属材料制成一定形状和尺寸的标准试样,在专门的试验机上通过试验来测定的,最常用的是静拉伸试验、硬度试验和冲击试验等。

金属材料静拉伸试验采用低碳钢作为拉伸试棒时,所表现的力学性能比较典型。按国家标准规定,将低碳钢制成标准试样,如图4-1所示(标距 $l_0 = 10d_0$ 或 $l_0 = 5d_0$),在拉伸试验机上缓慢加载,直至拉断为止。这样得出拉力 P 与伸长量 $\Delta l(l_1 - l_0)$ 的关系曲线,此曲线通常以外力 P 为纵坐标,伸长量 Δl 为横坐标,称此曲线为拉伸曲线。如图4-2所示,拉伸曲线可分为以下几个阶段。

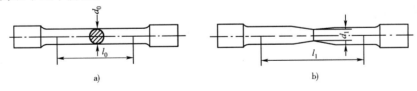

图4-1 拉伸试棒

(1)弹性变形阶段 Oe。当试样开始受力使材料产生变形,直至外力达到 P_e 时,若去除外力,变形亦随着完全消失,这个阶段就称为弹性变形阶段。

(2)微量塑性变形阶段 es。当外力增加并超过 P_e 后,试样继续发生变形,若去除外力,变形消失一部分,但仍有小部分变形不能消失,称为塑性变形阶段。

(3)屈服阶段 ss'。此时外力不增加,而变形量却仍在继续增长,称为屈服阶段。

(4)大量塑性变形阶段 $s'b$。在拉伸曲线上,从 s' 点直至 b 点,此阶段外力的增加量虽然不大，但试样变形量很大，在 b 点以前，由外力引起的变形，基本上是沿着整个试样标距部分均匀发生，P_b 为最大外力，此过程称为大量塑性变形阶段。

（5）颈缩阶段 bz。变形量仍再增加，直至 z 点断裂。此试样的某一段截面迅速减小，称为颈缩阶段。

根据图 4-2 的拉伸曲线，可以得到弹性、强度、塑性等力学性能指标。

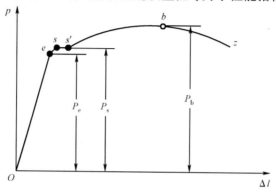

图 4-2　低碳钢的拉伸曲线图

一、弹性

金属材料在外力作用下产生变形，当外力消失后又恢复原来形状的性能称为弹性。

拉伸图上 Oe 段为弹性变形阶段。在 Oe 段，外力与变形成正比例关系，P_e 是正比例关系的最大外力。

金属材料在弹性变形中，与变形成正比时的最大外力与其横截面积之比称为弹性极限。

弹性极限越大，金属材料的弹性就越好。在汽车零件中，如离合器弹簧、气门弹簧应该有较大的弹性极限以保证弹簧在使用中不发生永久变形。

二、强度

金属材料在外力作用下抵抗变形和断裂的能力称为强度。强度是力学性能的重要指标之一，是材料选择运用的依据。评价金属材料强度的指标最常用是屈服强度和抗拉强度。

1. 屈服强度

从拉伸曲线上可以看出，当外力达到 P_s 的时候，拉力虽然没有增加，但试样却屈服于外力而自行伸长，因此拉伸曲线上的 s 点称为屈服点。

屈服强度是评价金属材料强度的重要指标。汽车零件在工作中，一般是不允许产生塑性变形的，例如发动机曲轴和连杆螺栓，因此屈服强度是绝大多数零件设计的依据。

屈服强度的计算公式：

$$\sigma_s = \frac{F_s}{A}$$

式中：σ_s——屈服极限，MPa；
　　　F_s——材料屈服时的拉伸力，N；
　　　A——材料原始横截面积，mm^2。

2. 抗拉强度

金属材料拉断前所能承受的最大应力称为抗拉强度。

抗拉强度是评价材料的又一重要指标,它反映材料在拉伸条件下所能承受的最大应力,即在拉伸条件下材料所承受的应力不允许超过材料的抗拉强度 σ_b,否则就会产生断裂而失效。抗拉强度越大,金属材料抵抗断裂的能力也越强。

抗拉强度的计算公式:

$$\sigma_b = \frac{F_b}{A}$$

式中:σ_b——抗拉强度,MPa;

F_b——材料所能承受的最大载荷,N;

A——材料原始横截面积,mm^2。

三、塑性

在外力作用下,金属材料发生永久变形而不损坏断裂的能力称为塑性,常用延伸率和断面收缩率来表示。

1. 延伸率

试样拉断后,伸长量与原始长度的百分比,用 δ 表示。

$$\delta = (l_1 - l_0)/l_0 \times 100\%$$

式中:l_1——试样拉断后的标距长度,mm;

l_0——试样原始标距长度,mm。

2. 断面收缩率

试样拉断后,断面面积的缩减量与原横截面积的百分比,用 ψ 表示。

$$\psi = (A_0 - A)/A_0 \times 100\%$$

式中:A_0——试样原始横截面积,m^2;

A——试样断裂处的横截面积,m^2。

δ、ψ 越大,表示材料的塑性越好,良好的塑性是顺利地进行压力加工的重要条件,如汽车的车门、车身所用的材料需要较好的塑性以便于加工。

四、硬度

金属材料抵抗其他更硬的物体压入其表面的能力称为硬度。

硬度是衡量金属材料软硬程度的依据,也就是材料对局部塑性变形的抗力。它是材料的一个重要力学性能,表示金属材料在一个小的体积范围内抵抗弹性变形、塑性变形或破坏的能力。

机械零件应根据不同的工作条件,要求有一定的硬度,以保证其成品质量、使用性能和使用寿命。对于汽车零件,也要求有一定的硬度,以保证零件具有足够的耐磨性及使用寿命。如汽车变速器的齿轮摩擦表面必须具备足够的硬度,才能保证长久运转而磨损较少。

金属材料的硬度在试验机上测定,目前生产中测定硬度方法最常用的是压入硬度法,它是用一定几何形状的压头在一定载荷下压入被测的金属材料表面,根据被压入程度来测定其硬度值。根据试验的方法不同,硬度指标也不同,最常用的硬度指标有布氏硬度(HB)、洛氏硬度(HRA、HRB、HRC)和维氏硬度(HV)。

常用硬度试验如图4-3所示。

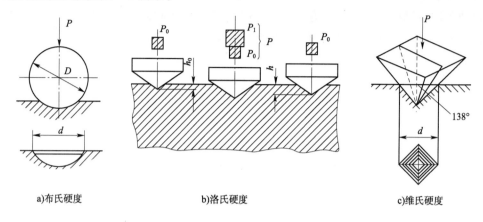

a) 布氏硬度　　　　b) 洛氏硬度　　　　c) 维氏硬度

图4-3　硬度试验示意图

五、韧性

金属材料抵抗冲击载荷而不破坏的能力称为冲击韧性,简称韧性,用 α_k 表示。汽车上的许多部件工作时都要承受冲击载荷,例如汽车发动机曲轴、活塞销、连杆等,都在很大的冲击载荷下连续工作。因此在选用材料时不能用静载荷作用下的指标来衡量,而且必须考虑抵抗冲击载荷的能力。

金属材料韧性的好坏可以用冲击韧性来衡量,冲击韧性的值越大,韧性就越好。测定冲击韧性最常用的方法是一次摆锤冲击弯曲试验,如图4-4、图4-5所示。

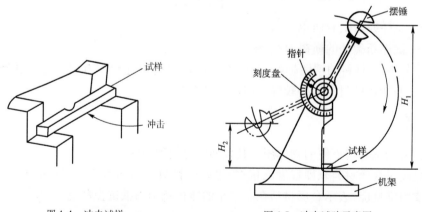

图4-4　冲击试样　　　　图4-5　冲击试验示意图

一次摆锤冲击弯曲试验的工作原理,将标准试样放在试验机机座上,试样缺口背向摆锤的冲击方向,再将具有一定重量的摆锤举至一定的高度 H_1,使其获得一定的势能,然后让摆锤自由落下。利用摆锤自由下落时由势能转变的动能,将试样冲断。消耗了一定数量的动能用于冲断试样,剩下的动能又转变为势能,冲击前后的势能差即是冲击试样在一次冲击作用下折断时吸收的功。

六、疲劳强度

汽车上一些零件在工作时要受到方向、大小反复变化的交变应力作用,如曲轴、弹簧、齿轮、滚动轴承等,在交变应力的作用下,零件会在远小于抗拉强度和屈服强度的应力下断裂,即疲劳断裂。据统计,在承受交变应力作用的零件中,大部分是由于疲劳而损坏的。

实践证明:零件在交变应力的作用下,所承受的应力大小与应力循环次数有关,交变应力越大,断裂前的应力循环的次数就越少。

所谓疲劳强度就是金属材料在无限多次的交变应力作用下,而不致发生断裂的最大应力。用 σ_{-1} 表示。实践中,金属材料的疲劳强度试验也不可能在无限多次的交变应力下进行,只要求能经受一定次数的应力循环,汽车零件就能达到规定的使用寿命。所以试验时规定:把钢在经受 $10^6 \sim 10^7$ 次、有色金属在经受 $10^7 \sim 10^8$ 次交变应力作用时不产生断裂时的最大应力作为疲劳强度。

课题二 碳 素 钢

通常把钢和生铁一类金属称为黑色金属。汽车上大多数的零部件均采用黑色金属制造,其用量占全部金属材料用量的 80% 左右,可见黑色金属应用的广泛性。

钢和铸铁都是铁和碳的合金,它们的区别主要是含碳量的不同。钢的含碳量在 2.11% 以下,所含杂质控制在一定微量范围内。所以钢具有强度高、塑性和韧性好、可锻、可铸、通过热处理还可以改善和提高其力学性能。

碳素钢简称碳钢,是含碳量低于 2.11% 并含有少量硅、锰、磷、硫等杂质元素的铁碳合金。碳素钢具有许多优良的性能和特点,它资源丰富,冶炼容易,价格低廉、成本低,而且具有良好的力学性能和工艺加工性能,是最常用的钢铁材料。

一、碳、硅、锰、硫、磷等元素对碳钢性能的影响

1. 碳

碳是决定碳素钢力学性能最主要的元素。钢的性能与钢中的含碳量有紧密的关系。从图 4-6 中可以看出钢中含碳量逐渐增加,钢的硬度、强度就不断上升,而塑性和韧性就相应下降。当含碳量大于 1.0% 时,碳量增加,强度反而降低,但硬度还在增加。

2. 硅

硅是炼钢时作为脱氧剂加入钢中的,它能降低钢的含氧量,可使钢质致密,从而提高钢的强度和硬度,是有益元素。但由于硅在碳钢中的含量较低,一般不超过 0.5%,因此作用效果不明显。

3. 锰

锰也是炼钢时作为脱氧剂与除硫剂加入钢中的。它不仅能降低钢中的含氧量,除去有害的氧化铁,而且与钢中的硫化合形成高熔点(1600℃)的硫化锰,以消除硫在钢中的热脆性。锰也是一种有益元素,它的含量一般为 0.25% ~ 0.8%,最高时可达 1.2%。

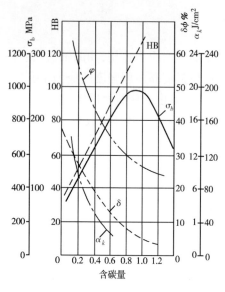

图 4-6 碳对碳钢的影响

4. 磷

磷是伴随矿石带入钢中的一种元素,炼钢时难以除去。磷能溶解于铁,能使钢的强度和硬度提高,但急剧降低钢的塑性,在低温时会更加严重呈现出脆裂,这种现象叫作钢的冷脆。磷还降低了钢的焊接性能,当磷的含量较高时易产生裂纹。因此磷是钢中的有害元素,要严格限制其含量,一般应小于 0.045%。

5. 硫

硫也是伴随矿石和燃料进入钢中的一种元素。硫在铁中的溶解度极小,而能与铁形成硫化亚铁(FeS),它的熔点只有 1190℃。钢中硫化铁与铁形成共晶体,其熔点更低,只有 985℃,比钢材热加工的温度(1000~1200℃)低。所以当钢材进行热加工时,由于共晶体熔化而削弱了晶粒之间的结合力,导致钢材开裂,这种现象叫作钢的热脆。硫是钢中的有害杂质,其含量也应严格控制,在普通钢中应小于 0.055%。

二、碳素钢的分类和应用

(一)碳素钢的分类

碳素钢的分类方法有很多,主要有以下 3 种。

1. 按钢的含碳量分类

(1)低碳钢。含碳量小于 0.25%。

(2)中碳钢。含碳量在 0.25%~0.6% 之间。

(3)高碳钢。含碳量大于 0.6%。

2. 按钢的质量(即硫、磷的含量)**分类**

(1)普通钢。硫≤0.055%,磷≤0.045%。

(2)优质钢。硫、磷均小于 0.035%。

(3)高级优质钢。硫≤0.02%,磷≤0.03%。

3. 按钢的用途分类

(1)碳素结构钢。碳素结构钢主要用于各种工程构件(如桥梁、汽车、船舶、建筑用钢)和机器零件。这类钢碳的含量一般都小于 0.7%,属于低碳钢和中碳钢。

(2)碳素工具钢。碳素工具钢主要用于制造各种刀具、量具和模具,这类钢属于高碳钢。

4. 按钢的脱氧程度分类

(1)镇静钢。脱氧完全的钢,钢液浇注时平静地凝固。镇静钢钢质纯净,化学成分均匀,各部分性能均匀,焊接性能和塑性都比较好,常用来制造重要的机件。缺点是表面质量较差,有集中缩孔,成本高。

(2)沸腾钢。脱氧不完全的钢,钢液浇注时有气体溢出。沸腾钢表皮纯净、表面质量好,加工性能好;另外,没有集中缩孔,钢的成材率高,脱氧剂消耗少,成本低。缺点是钢中杂质多,化学成分不均匀,冷脆和时效倾向较严重。

(3)半镇静钢。半脱氧钢,介于镇静钢和沸腾钢之间,质量与性能也介于二者之间。

(二)碳钢的编号和用途

碳素钢按用途分为碳素结构钢和碳素工具钢两类。碳素结构钢又分为普通碳素结构钢和优质碳素结构钢两种;碳素工具钢又分为优质碳素工具钢和高级优质碳素工具钢两种。

1. 普通碳素结构钢

普通碳素结构钢的牌号表示方法由4部分组成,即由代表钢材屈服点的字母、屈服点数值、钢材的品质等级和冶炼时脱氧方法依序构成。例如 Q215-A.F,其中 Q 表示钢材的屈服点(为"屈"字汉语拼音的首字母);215 表示钢材的屈服强度 $\sigma_s \leq 215MPa$;A 表示钢材的品质为 A 等级(A、B、C、D 等级是指其硫和磷有害元素含量依次降低);F 表示为沸腾钢("沸"字汉语拼音首字母)。(注:TZ 为特殊镇静钢"特镇"汉语拼音首字母,在牌号表示时"Z"与"TZ"代号可以省略不写)。

2. 优质碳素结构钢

优质碳素结构钢必须保证钢的化学成分和力学性能。优质碳素钢中所含的有害杂质元素(硫、磷元素等)和非金属夹杂物较少,力学性能和钢材的表面质量较好,其组织也比较均匀。此类钢主要应用于经过热处理且技术性能要求较高的零件制造。

优质碳素结构钢按其钢中的含锰量又分为以下两类。

(1)普通含锰量的优质碳素结构钢。当钢中的含碳量≤0.25%、含锰量为0.35%~0.65%以及钢中的含碳量>0.25%,含锰量为0.5%~0.8%的碳素结构钢被称为普通含锰量的优质碳素结构钢,其牌号表示方法是用两位数字代表钢的平均含碳量(以0.01%为单位)。例如30钢表示钢中的平均含碳量为0.30%。

(2)较高含锰量的优质碳素结构钢。当钢中的含碳量为0.15%~0.60%、含锰量为0.70%~1.00%以及钢中的含碳量为0.60%~0.70%、含锰量为0.90%~1.20%的碳素结构钢,因其含锰量较高而被称为较高含锰量的优质碳素结构钢,其钢牌号表示方法是用两位数字表示平均含碳量,用0.01%作为单位,并在数字后面标出锰或元素符号。例如15Mn(或15锰)中的15表示该钢的平均含碳量为0.15%的优质碳素结构钢;又如65Mn(或65锰)中的65表示该钢的平均含碳量为0.65%,钢中的含锰量为0.90%~1.20%的较高含锰量的优质碳素结构钢。

优质碳素结构钢的应用由表4-1可知,08钢等的含碳量较低,塑性好,被广泛地应用于制造冷冲压成型的构件,如汽车驾驶室外壳、油底壳、油箱等;15钢等几类塑性好,有良好的冷冲压性能和焊接性能,因而用于制作冷冲压构件和需经过热处理(如渗碳、氮化)而尺寸较小但需承受一定载荷的零件,如变速叉等;被称为调质的30钢、45钢等,经过调质处理后,具有良好的综合力学性能,而被广泛地应用在曲轴、齿轮、凸轮轴、从动轴等零件的制造;65 Mn 等属于碳素弹簧钢,经过热处理后,用来制造具有较高韧性和强度的弹性零件或耐磨零件。常用普通碳素结构钢及优质碳素结构钢的牌号、性能及用途如表4-1所示。

常用碳素结构钢的牌号、性能及用途　　　　表 4-1

类别	钢号	抗拉强度 σ_b（MPa）	布氏硬度（HBS）	工艺性	淬火硬度范围（HRC）	汽车中应用举例
普通碳素钢	Q235A	235（屈服强度）	—	焊接性好，切削加工性不好，良好的韧性和锻造性	—	车厢板件、拉杆、销、键、凸缘轴、螺钉等
优质碳素钢	08	327	131	焊接性好，切削加工性差，良好的韧性和冷冲性	56~62（渗碳）	驾驶室、油箱、离合器等
	15	372	143			离合器分离杠杆、风扇叶片、驻车制动杆等
	35	529	187	切削加工性好	30~40（调质）45~55（淬火）	凸轮轴、曲轴、转向节主销等
	45	597	197			
	65Mn	735	229	焊接性不好，切削性稍差，冷变形塑性低	42~50（等温淬火）55~60（快速油淬）	汽车弹簧、板簧和螺旋弹簧等弹性元件及耐磨件

3. 碳素工具钢

碳素工具钢的含碳量为 0.65%~1.3%，所以它的硬度比较高，耐磨性好，但塑性和韧性比较低。这类钢的磷、硫有害杂质的含量较少，所以钢的质量好。优质碳素工具钢含磷≤0.035%、硫≤0.03%；高级优质碳素工具钢含磷≤0.03、硫≤0.02%。碳素工具钢一般用来制造普通工具、模具、量具、刀具等。

碳素工具钢的牌号以"T"及附在后面的数字来表示，数字表示钢中的平均含碳量的千分之几。如 T9 表示平均含碳为 0.9% 的碳素工具钢。对含锰量较高的碳素工具钢，则在数字后面标出锰的元素符号 Mn，例如 T8Mn。如果是高级优质碳素工具钢，则在牌号后面再加上字母"A"，例如 T10A。常用碳素工具钢的牌号、性能及用途的如表 4-2 所示。

常用碳素工具钢的牌号、性能及用途　　　　表 4-2

牌号	布氏硬度（HBS）	淬火硬度（HRC）	特性与应用
T10、T10A	197	62	有一定的韧性和较高硬度，用做不受突然冲击并且刃口有韧性要求的刀具，如丝锥、冷冲模等
T12、T12A	207	62	韧性较小，具有较高的耐磨性，用做不受振动的高硬度工具，如钻头、铰刀、量规等

4. 铸钢

铸钢一般分为碳素铸钢和合金铸钢。一般情况下多用碳素铸钢，当有特殊用途和特殊要求时可采用合金铸钢。铸钢的牌号用"ZG"（铸钢两字汉语拼音字首）和后面两组数字代表抗拉强度值（MPa）。铸钢主要用于承受重载、强度和韧性要求较高且形状复杂的铸件，如大型齿轮、水压机机座等。

课题三 钢的热处理

随着汽车工业的高速发展,汽车零件对钢材性能的要求也越来越高。一般情况下通过两种方法来实现:一种是改变钢的化学成分来发展新材料;另一种是进行钢的热处理。热处理能够大幅度地提高钢材的性能,并改善工件的加工工艺性,提高加工质量和劳动生产率,因此在汽车工业中应用十分广泛。

钢的热处理不是改变钢件的外形尺寸,而是通过钢在固态下加热、保温和冷却来改变钢的内部组织,从而达到改善钢的性能的一种工艺方法。根据加热和冷却方法的不同,钢的热处理可分为退火、正火、淬火、回火及表面热处理等。热处理的方法虽多,但所有的热处理工艺都是由加热、保温和冷却这 3 个基本阶段所组成,如图 4-7 所示。

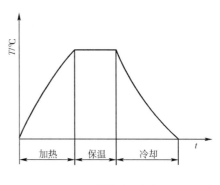

图 4-7 钢的热处理曲线

一、钢的退火与正火

为了消除或改善前道工序所造成的某种缺陷,零件在机械加工之前,通常进行退火或正火。

1. 退火

将钢件加热到一定温度以上,并在此温度保持一定时间,然后随炉温缓慢冷却的工艺过程叫退火。

退火的目的是:降低硬度,使钢件易于切削加工;细化晶粒、均匀组织;提高塑性和韧性、降低脆性;便于钢件冷冲或冷拔加工;为后道工序(热锻、热扎等)作准备;消除钢件中残余内应力,以防变形和开裂。

常用的退火方法有完全退火、球化退火和去应力退火等。

(1)完全退火。

将钢件加热到临界温度以上 30~50℃,并在此温度保持一定时间,然后随炉温缓慢冷却的过程称为完全退火。

完全退火的目的是细化晶粒、降低硬度、充分消除内应力。完全退火主要用于含碳量小于 0.77% 的各种碳钢及合金钢的铸件和锻件。

(2)球化退火。

将钢件加热到临界温度以上 20~30℃,保温一定时间,缓慢冷却至 500℃ 以下再空冷的过程称为球化退火。

球化退火的目的是降低硬度,便于机械加工,并为淬火做好组织准备。球化退火主要适用于含碳量大于或等于 0.77% 的碳素钢和合金工具钢。

(3)去应力退火。

将钢件加热到 500~650℃,保温一定时间,然后随炉缓慢冷却的过程称为去应力退火。

去应力退火的目的是消除锻件、铸件、热轧件、焊接件、冷塑变形加工件等的内应力,使这些零件在加工和使用过程中不发生变形和开裂。它适用于消除铸、锻、焊件及零件在热轧和冷变形中产生的内应力。

2. 正火

将钢件加热到临界温度以上 30~50℃,保温一定时间后,放在空气中冷却的热处理工艺称为正火。

正火的目的是细化晶粒,均匀组织,增加强度、韧性、减少内应力、改善切削加工性能。主要应用于低碳钢、中碳钢和铸、锻钢件。

3. 退火与正火的选择

退火与正火在某些方面有相似之处,在生产实际中它们有时是可以相互代替的,我们可以从下面三方面来考虑正确应用退火与正火。

(1) 从使用性能考虑。

对于低、中碳钢来说,如果钢件的性能要求不太高,则可以用正火来提高其力学性能,并可作为最终热处理。但正火的冷却速度比退火快,当零件形状复杂时有形成裂纹的危险,应采用退火。

(2) 从切削加工性能考虑。

通常认为金属的硬度在 HB170~230 范围内,切削加工性比较好。硬度太低,刀具易被过长的切屑缠绕(粘刀)而导致发热磨损,并且加工后零件表面粗糙度高。硬度太高不但难以加工而且刀具磨损过快。一般认为低、中碳结构钢以正火作为预先热处理比较合适,高碳结构钢和工具钢以退火比较合适,如表 4-3 所示。

各种碳钢在退火和正火的硬度 表 4-3

热 处 理	钢 中 含 碳 量			
	≤0.25%	0.25%~0.655	0.65%~0.85%	0.7%~1.3%
	结构钢			工具钢
退火	HB≤150	HB150~220	HB220~229	HB187~217
正火	HB≤156	HB156~228	HB230~280	HB229~341

(3) 从经济上考虑。

正火比退火生产周期短、热耗少、成本小、操作简便、生产效率高。因此在条件允许时,凡能用正火代替退火的零件,应采用正火。

二、钢的淬火与回火

淬火与回火是两个不可分割且紧密衔接的热处理工艺,也是工业生产中应用最广泛的两种热处理工艺。

1. 淬火

将钢件加热到临界温度以上 20~30℃(不同材质,淬火温度也不同),保温一段时间,然后在水中或油中(个别材料在空气中)急速冷却的过程称为淬火。

淬火的目的是提高钢件的硬度,并为经回火后获得高强度、高韧体做好结构和性能上的准备。

淬火必须根据不同钢材和不同目的,采用不同的淬火方法。常用的淬火方法有单液淬火、双液淬火、分级淬火、等温淬火等。

(1)单液淬火。

将钢件加热到淬火温度,经保温在一种淬火介质中冷却的过程称为单液淬火。单液淬火主要适用于形状简单、技术要求不高的碳素钢和合金钢制作的零件。

(2)双液淬火。

将钢件加热到淬火温度,经保温后先在水中冷却至300~400℃,再放入油中冷却的过程称为双液淬火。双液淬火的关键是掌握在水中停留的时间,控制钢件进入油中的温度,操作较困难,但能提高钢件的硬度,而且能有效地防止裂纹的产生,主要适用于碳素钢的零件和工具。

(3)分级淬火。

将钢件加热到淬火温度经保温后,放入温度为150~260℃的盐液或碱液中冷却,待其表面与芯部温度相近时,取出空冷的过程称为分级淬火。分级淬火对防止变形和裂纹十分有效,钢件的硬度比较均匀,主要适用尺寸较小、形状复杂的碳素钢和合金钢制作的零件。

(4)等温淬火。

将钢件加热到淬火温度,保温后放入300℃左右的等温盐液中,停留足够时间,然后空冷的过程称为等温淬火。等温淬火适用尺寸较小,形状复杂,强度、硬度、韧性要求高的中、高碳钢制成的零件。

2. 回火

将淬火后的钢件加热到临界温度以下所需要的温度,保温一定时间,然后在空气或油中冷却到室温的过程称为回火。

回火的目的是减少和消除钢件淬火时产生的内应力,防止变形和开裂;稳定组织稳定尺寸;提高韧性和调整钢件的硬度、强度,使零件获得所需要的力学性能。

回火是热处理的最后一道工序,回火温度对钢的性能起决定作用。因此应根据零件的材料和要求不同来确定回火温度,通常有以下三类。

(1)低温回火。

回火温度在150~250℃,以低温回火消除因淬火而产生的内应力,并保持钢件淬火的高硬度、高耐磨性,适用于切削刃具、量具、模具、滚动轴承、渗碳表面淬火的零件。

(2)中温回火。

回火温度在350~500℃,经中温回火后能获得较高的弹性和强度及较好的韧性,适用于各类弹簧和某些高强度的零件,如气门弹簧、离合器弹簧、钢板弹簧等。

(3)高温回火。

回火温度为500~650℃,通常把淬火加高温回火的双重热处理称为调质处理,简称调质。调质可使钢件获得良好的综合力学性能。各种重要的结构零件,特别是在交变载荷下工作的零件,都要经过调质处理,如汽车发动机的连杆和变速器的齿轮、轴等。调质还为某些精密零件,如量具、模具、丝杆等作预先热处理,以减小最终热处理的变形,为获得较好的最终性能提供基础。

三、钢的表面热处理

汽车上有很多零件在工作时既要承受冲击载荷和弯曲应力,其表面又要承受强烈摩擦,如变速器齿轮、活塞销等。因此这类零件要求芯部具有足够的塑性和韧性,表面具有高硬度和耐磨性。要满足上述要求,如果仅从选材方面去解决是十分困难的。若用低碳钢,芯部塑性和韧性好,但表面硬度低而不耐磨;若用高碳钢,表面硬度足够而芯部韧性和塑性差。在工业生产中广泛采用表面热处理来满足上述要求,常用热处理工艺有表面淬火和化学热处理。

(一) 钢的表面淬火

钢的表面淬火就是将工件表面迅速加热到淬火温度,热量还未传至芯部时,就快速冷却的热处理方法。根据加热方法的不同分为火焰加热表面淬火法、感应加热表面淬火法和电接触加热(激光加热、电子束加热)表面淬火等。

1. 火焰加热表面淬火法

火焰加热表面淬火法是用乙炔—氧或氧—煤气的混合气体燃烧的火焰喷射在零件表面上,快速加热,当达到淬火温度时立即喷水或用乳化液进行冷却的方法,如图 4-8 所示。

火焰表面淬火的淬透层深度一般为 2~6mm。这种淬火方法简单无须特殊设备,但加热温度不易控制,淬火效果不稳定,适用于单件或小批生产的大型中碳钢和中碳合金钢制作的零件,也可用于灰口铸铁、合金铸铁的表面进行淬火。

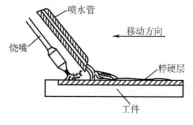

图 4-8 火焰加热表面淬火法

2. 感应加热表面淬火法

感应加热原理是:当一个导体线圈中通入一定频率的交流电,在线圈内外将会产生一个频率相同的交变磁场。若把工件放入线圈(感应器)内,工件上就会产生与线圈(感应器)电流频率相同、方向相反的感应电流。这个电流在工件内自成回路,称为"涡流"。此涡流能将电能变成热能使工件受到加热。涡流在工件中分布不均匀,主要集中在表面(频率越高、电流集中的表面层越薄),这种现象称为"集肤效应"。利用这个原理,把工件放入高频感应器中,引起感应电流,使工件表面层快速加热到淬火温度后,立即喷水冷却,使工件表面淬硬,如图 4-9 所示。

要得到不同的淬硬层深度,可采用不同频率的电流进行加热,电流频率与淬硬层深度的关系见表 4-4。

感应加热表面淬火的频率选择　　　　　　　　　　　　　表 4-4

类　别	频率范围	淬硬层深度(mm)	应用举例
高频感应加热	200~300kHz	1.5~2	摩擦条件下工作的零件,如小齿轮轴类
中频感应加热	1~10kHz	3~5	承受扭曲、压力载荷的零件,如曲轴、大齿轮
工频感应加热	50Hz	10~15	承受扭曲、压力载荷的大型零件,如冷轧辊

感应加热表面淬火加热速度快,淬硬层深度易于控制,淬火质量好,生产效率高,并易于实现机械化和自动化,所以适用于大批量生产。

为了保证零件感应加热表面淬火后的硬度及芯部强度和韧性,一般用中碳钢(含碳量为 0.4% ~0.5%)和中碳合金结构钢,也可用碳素工具钢和低合金工具钢以及铸铁。

3. 激光加热表面淬火法

激光加热表面淬火是利用高功率密度的激光束对金属表面加热再冷却的强化处理的方法。钢铁材料的激光相变硬化是在固态下经激光辐照,其表层被迅速加热到奥氏体温度以上,并在激光停止辐射后快速自淬火,实现相变硬化,达到用传统表面淬火方式所达不到的良好力学性能。经激光处理的金属表面硬度:对于铸铁可以达到 HRC60 以上;中、高碳钢可达到 HRC70 以上。

激光热处理技术与其他传统热处理工艺相比,具有以下特点。

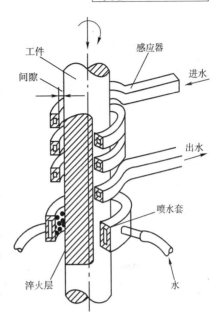

图 4-9　感应加热表面淬火法

(1)无须使用外加材料,仅改变被处理材料表面的组织结构,处理后的改性层具有足够的厚度,可根据需要调整深浅(一般可达 0.1~0.8mm)。

(2)处理层和基体结合强度高,激光表面处理的改性层和基体材料之间是致密的冶金结合,处理层表面是致密的冶金组织,具有较高的硬度和耐磨性。

(3)被处理工件的变形极小,由于激光功率密度高,与零件的作用时间短(小于10s),零件的热变形区与整体变化都很小,故特别适合于高精度零件的处理。

(4)加工柔性好,适用面广。利用灵活的导光系统可随意将激光导向任何处理部位,从而可方便地实现对深孔、内孔、盲孔和凹槽等的处理和选择性的局部处理。

激光热处理已在汽车产业得到了较广泛的应用,如发动机缸体缸套、曲轴轴颈、齿轮和齿轮轴的热处理等,如图 4-10、图 4-11 所示。

图 4-10　齿轮及曲轴激光热处理

(二)钢的化学热处理

钢的化学热处理是将工件放在某一化学介质中,通过加热、保温、冷却的方法,使介质中的某种元素渗入钢件表面,以改变工件表面层的化学成分,从而使其表面具有与芯部不同的力学或物理化学性能。这种热处理不仅有组织的变化,也有化学成分的变化。最常用的有渗碳、氮化和氰化以及渗金属(如渗铬、渗铝等)和多元共渗等。渗碳、渗氮、氰化用来提高工件表面的硬度和耐磨性;渗铬、渗铝能使工件表层获得某些特殊的物理、化学性能,如抗氧化性、耐高温性、耐蚀性等。

1. 钢的渗碳

把工件放入含碳的介质中,在900~950℃下加热、保温,使活性碳原子渗入工件的表面层的热处理方法称为渗碳。

渗碳方法有固体渗碳、液体渗碳和气体渗碳,应用最广泛的是气体渗碳,如图4-12所示。

图4-11 激光热处理设备

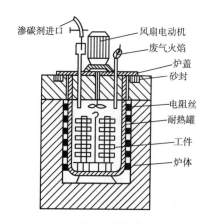

图4-12 气体渗碳法

气体渗碳是将零件放入密闭的加热炉中,滴入煤油、丙酮等液体使其受热分解,也可通入天然气、煤气进行热裂。这些渗碳剂在高温下分解产生活性碳原子,进而渗入工件表面,并且向内部扩散,形成一定深度的渗碳层。表面渗碳层含碳量最高,并向芯部逐渐减少,芯部仍保持原来的含碳量。

渗碳只是改变了零件表面的化学成分。要使渗碳件表面具有高硬度、良好的耐磨性,渗碳后必须进行处理,即淬火加低温回火。因此,表面渗碳层含碳量最好可达到0.85%~1.05%。为了保证零件芯部具有较高的韧性,渗碳用钢是含碳量为0.15%~0.25%的低碳钢和低碳合金钢。

2. 钢的氮化

在一定温度下(500~600℃),使活性氮原子渗入工件表面的化学热处理方法称为氮化。

目前工业中应用最广泛的是气体氮化法。它利用氨气在加热时分解出活性氮原子,向钢的表面扩散形成氮化层,深度一般不超过0.6~0.7mm。

钢在氮化后,不再需要进行淬火便具有很高的表面硬度及耐磨性,同时还能显著提高钢的疲劳强度和抗腐蚀能力。由于氮化层薄并且较脆,为保证芯部具有较高强度,钢件氮化前先要进行调质处理。氮化用钢通常是含有铝、铬、钼等合金元素,这些合金元素极容易与氮元素形成颗粒细密、分布均匀、硬度很高而且非常稳定的各种氮化物。这些氮化物对氮化钢的性能起着主要作用。

3. 钢的氰化

钢的氰化也称碳、氮共渗,即同时向钢的表面渗入碳原子和氮原子。常用的是气体碳、氮共渗,原理与渗碳、氮化基本相同。

经过氰化的钢件表面具有较高的硬度、耐磨性和疲劳强度。氰化不仅适用于中碳钢、低碳钢或合金钢制作的零件,还可用于高速钢刀具。

常用化学热处理方法及其作用见表4-5。

常用化学热处理方法及其作用　　　　　　　　　　　　　　表4-5

处理方法	渗入元素	作　用
渗碳	C	提高工件的耐磨性、硬度及疲劳强度
碳氮共渗	C、N	
氮碳共渗		提高工件的表面硬度、耐磨性、抗咬合能力及耐蚀性
渗氮	N	
渗硫	S	提高工件的减摩性及抗咬合能力
硫氮	S、N	提高工件的耐磨性、减摩性及抗疲劳、抗咬合能力
硫碳氮共渗	S、N、C	
渗硼	B	提高工件的表面硬度
渗硅	Si	提高表面硬度,提高耐蚀、抗氧化能力
渗锌	Zn	提高工件抗大气腐蚀能力
渗铝	Al	提高工件抗高温氧化及含硫介质中的腐蚀能力
渗铬	Cr	提高工件抗高温氧化能力,提高耐磨及耐蚀性
渗钒	V	提高工件表面硬度,提高耐磨及抗咬合能力
硼铝共渗	B、Al	提高工件耐磨、耐蚀及抗高温氧化能力,表面脆性及抗剥落能力优于渗硼
铬铝共渗	Cr、Al	具有比单一渗铬或渗铝更优的耐热性能
铬铝硅共渗	Cr、Al、Si	提高工件的高温性能

课题四　合　金　钢

随着现代工业的发展,对钢材的性能提出越来越高的要求,不仅需要优良的力学性能,而且对耐热性、抗氧化性等特殊的物理和化学性能要求也越来越高。研制、生产、应用各种合金钢是满足现代工业高速发展的需要。

所谓合金钢,就是在碳钢的基础上,为了获得某种特定的性能,有目的地加入一种或多种元素的钢。加入的元素称为合金元素。目前常用的合金元素有铬、锰、硅、铝、钛、镍、钼、硼和稀土元素等。

合金钢与碳钢相比,在一定的淬火条件下能获得较厚的淬透层深度,有良好的综合力学性能,材料在高温时仍能保持高硬度,并具有良好的耐磨性、耐蚀性、耐低温性等。但与碳钢相比价格较高,因此能用碳钢时而不随便用合金钢。

一、合金元素对钢的性能影响

1. 铬(Cr)

铬能提高钢的强度、硬度和淬透性,但略为降低钢的塑性和韧性。当含量超过12%时,使钢具有良好的抗氧化性和耐蚀、耐酸的能力,是炼制耐热钢和不锈钢的主要合金元素。

2. 锰(Mn)

锰能提高钢的强度、硬度,使钢具有较高的耐磨性,当含量大于0.8%时能提高钢的淬透性。

3. 硅(Si)

硅的含量小于1.4%时能提高钢的强度和硬度,并能增强钢的耐腐蚀和抗氧化性;硅的含量大于1.4%时钢的脆性显著增加;当含量在2.5%~4.5%时脆性加剧,但具有良好的磁性,成为软磁材料。

4. 钨(W)

钨能提高钢的硬度和耐磨性,尤其能显著提高钢的热硬性(高温下具有高硬度的性能),是高速钢的主要合金元素。

5. 铝(Al)

铝能细化钢的晶粒,并能提高钢的抗氧性和耐热性。

6. 钛(Ti)

钛能细化晶粒使组织致密,并能提高钢的综合性能,钛合金是航空工业的重要材料。

7. 镍(Ni)

镍能提高钢的强度、塑性和韧性,尤其能提高钢的低温韧性。

8. 硼(B)

微量的硼(0.001%)就能提高钢的强度,并能大大提高钢的淬透性。

9. 稀土元素(Re 等)

稀土元素是一个族,共有17种元素。它能使钢脱氧去硫,细化晶粒改善组织,显著提高钢的力学性能;并改善钢的特殊性能,如耐腐性、耐热性、抗氧化性等。

综上所述,在钢中加入合金元素是强化和提高钢的性能的一种重要方法,但需经过热处理后的合金钢才能充分显现出它的综合性能和特殊性能。

二、合金钢的分类和用途

合金钢按用途不同分为合金结构钢、合金工具钢、特殊性能钢。

(一)合金结构钢

合金结构钢按用途分为普通低合金结构钢和机械制造结构钢。

普通低合金结构钢的含碳量为0.10%~0.25%,并含有少量合金元素。但它的强度(尤其是屈服强度)显著高于同等含碳量的碳素钢,并具有良好的塑性、韧性、焊接性和耐蚀性。这类钢通常加入锰、硅等元素和铜、磷元素以提高抗蚀性能。

采用普通低合金结构钢的目的主要是减轻结构质量、节约钢材、提高结构钢的可靠性和耐用性。若用普通低合金结构钢来取代普通碳素钢,在相同受载条件下使结构质量减小20%～30%,甚至更多。这类钢一般经热轧空冷后不再进行热处理就可以直接使用,主要用于建造桥梁,制造汽车、高压容器等。其中16Mn使用量最大,汽车纵横梁、前保险杠等就用它制造。

机械制造结构钢主要指合金渗碳钢、合金调质钢、合金弹簧钢、合金滚动轴承钢等。

1. 合金渗碳钢

汽车的变速齿轮、内燃机的凸轮、活塞销等在工作时既要承受较频繁冲击作用,又要受极强烈的摩擦作用。因此要求零件芯部具有较高的塑性和冲击韧性,而表面则要求具有高的硬度和耐磨性。为了兼顾双重性能,要采用合金渗碳钢。

合金渗碳钢的含碳量为0.15%～0.25%,属于低碳钢,这样可以保证零件的芯部具有良好的韧性;为了提高芯部的强度则可在钢中加入合金元素锰、铬、钼、钨、钛、硼等。经过渗碳,零件的表层(在一定深度)则含有高碳量(0.85%～1.05%),再经淬火后硬度就很高(HRC>60),从而获得良好的耐磨性能。常用的合金渗碳钢的牌号、力学性能和用途如表4-6所示。

常用合金渗碳钢的牌号、力学性能和用途　　表4-6

牌号	毛坯尺寸(mm)	抗拉强度 σ_b (MPa)	屈服强度 σ_s (MPa)	延伸率 δ (%)	断面收缩率 ψ (%)	冲击韧性 α_k (J/cm^2)	应用实例
20Cr	15	800	600	10	40	60	齿轮、十字轴、活塞销
20Mn2B	15	1000	800	10	45	70	中等负荷的变速器齿轮
20CrMnTi	15	1100	850	10	45	70	汽车变速器齿轮、传动轴
12Cr2Ni4	15	1100	850	10	50	90	中小轴承、轴套
20Cr2Ni4A	25	1400	1200	9	45	80	大型齿轮及轴类
20Mn2TiB	15	1150	950	10	45	70	代20CrMnTi

合金渗碳钢的种类很多,应用最广泛的是20CrMnTi,它具有良好的工艺性能和力学性能。适宜制造截面直径在30mm以下承受冲击和摩擦的中速、高速、重负荷零件,如齿轮、齿轮轴、十字轴等。近年来,含硼渗碳钢20CrMnB、20Mn2TiB等,在汽车制造中被广泛采用,代替20CrMnTi。

2. 合金调质钢

汽车的半轴、转向节枢轴等零件在多种负荷下工作,受力情况比较复杂。所以要求零件具有高强度、高韧性相结合的综合力学性能,合金调质钢能满足上述工作条件和使用性能。

合金调质钢的含碳量一般为0.30%～0.50%,属于中碳钢。合金调质钢的含碳量不能过低,过低会影响强度;含碳量也不能过高,过高则韧性不够。为了使调质钢能够获得良好的综合力学性能和提高淬透性,常在钢中加入铬、镍、锰、硅等。常用合金调质钢的牌号、力学性能和用途如表4-7所示。

常用合金调质钢的牌号、力学性能和用途　　　　　　　　　　　表 4-7

牌号	力学性能					应用实例
	抗拉强度 σ_b (MPa)	屈服强度 σ_s (MPa)	延伸率 δ (%)	断面收缩率 ψ (%)	冲击韧性 α_k (J/cm^2)	
45Mn2	900	750	10	45	60	轴、螺栓、蜗杆
40Cr	≥1000	≥800	≥9	≥45	≥60	轴、螺栓、连杆、齿轮、蜗杆
35CrMo	≥1000	≥850	≥12	≥45	≥80	中速、重载、高疲劳强度的主轴
30CrMnSi	≥1100	≥900	≥10	≥45	≥50	高压鼓风机叶片
40MnVB	1050	850	10	45	70	代 40Cr，性能略优于 40Cr
30CrMnTi	≥1450	≥1300	9	45	60	汽车的主动锥齿轮

合金调质钢一般经过调质处理后再使用，在机械制造中用它来制造承受较大冲击、弯曲和扭转等载荷的零件。而 40Cr 钢是常用的合金调质钢，它广泛应用于汽车上制作连杆螺栓、转向节枢轴、传动轴、变速齿轮、偏心轮等结构零件。

3. 合金弹簧钢

合金弹簧钢的含碳量为 0.45%～0.70%，主要加入锰、硅、铬、钒等元素来提高钢的弹性极限、屈服强度和淬透性，以满足截面尺寸较大、承受较重负荷的弹性零件需要。常用合金弹簧钢的牌号、力学性能和用途如表 4-8 所示。

汽车的许多弹性零件，如制动气室复位弹簧、离合器压簧、直拉杆球头弹簧等都采用合金弹簧钢来制作。最常用的是 65Mn，这类钢价格较便宜，可以制作截面尺寸较大的弹簧，在工业生产中应用最为广泛。

常用合金弹簧钢的牌号、力学性能和用途　　　　　　　　　　　表 4-8

牌号	力学性能				应用实例
	抗拉强度 σ_b (MPa)	屈服强度 σ_s (MPa)	延伸率 δ (%)	断面收缩率 ψ (%)	
65Mn	1000	800	8	30	制作截面小于 20mm 的冷卷弹簧、阀簧等
60Si2Mn	1300	1200	5	25	机车板簧、拖曳弹簧等
50CrVA	1300	1150	10	45	汽车板簧及小于 400℃ 的耐热弹簧，如气门弹簧
55SiMnMoV	1400	1300	7	35	载货汽车、越野车用板簧

4. 合金滚动轴承钢

合金滚动轴承钢的含碳量为 0.95%～1.15%，其中主要加入铬元素，另外还要加入适量的硅和锰。它主要用于制造滚动轴承的滚珠、滚柱、内外轴承套等。轴承在运转时承受集中和交变载荷，交变次数每分钟达数万次甚至更高。同时滚珠与轴套之间的接触面积极小，工作时不但转动而且还由于滑动而产生极大的摩擦，所以要求合金滚动轴承钢具有高的抗疲劳强度、良好的耐磨性和高而均匀的硬度、高的抗压强度、足够的韧性。如果轴承在于腐蚀介质中工作,还要求具有良好的抗蚀性能。

目前最常用的轴承钢是GCr15。牌号中的"G"是"滚"字的汉语拼音第一个字母,表示滚动轴承专用钢。GCr15合金钢适合制作壁厚小于20mm中、小型套圈和$\Phi<50$mm的钢球,因此广泛用于汽车等中、小型轴承的制造。

(二)合金工具钢

合金工具钢与碳素工具钢相比具有较高的耐磨性、足够的韧性、热处理变形小、红硬性高等特点。按用途可以分为合金刃具钢、合金模具钢和合金量具钢。

1. 合金刃具钢

合金刃具钢的含碳量一般为0.8%~1.5%,其中还要加入铬、锰、硅、钨、钼、钒等合金元素。这些合金元素的主要作用是进一步细化晶粒,稳定组织,以提高淬透性,增加钢的强度,并显著提高钢的耐磨性。它主要用于制造各种切削刀具,例如车刀、铣刀、铰刀、钻头等。

根据合金元素含量的不同,合金刃具钢分为低合金工具钢和高速钢两类。

1)低合金工具钢

低合金工具钢所含合金元素总量不超过3%,它的工作温度不超过250℃,主要用于低速切削(0.2~0.25m/s)刀具的制作,如铰刀、丝锥、板牙和比较精密的模具和量具。常用的低合金工具钢有9SiCr、CrWMn、CrMn等。

2)高速钢

高速钢所含合金元素总量超过10%,它的主要特性是具有高热硬性。当切削工作温度在600~650℃时,硬度仍能保持在HRC60以上。

由于刀具在切削金属时受到工件的压力,刃部与切屑之间发生相对摩擦而产生高温,此外刀具还受到一定的冲击和振动。因此合金刃具钢必须具有下列特性。

(1)高硬度。只有刀具的硬度高于被加工材料的硬度,才能进行切削,一般切削金属刀具大于HRC60。

(2)高热硬性。刀具切削时产生的热量,温度可达600℃左右,因此要求刀具在高温下保持高硬度。

(3)高耐磨性。耐磨性的高与低,直接影响刀具的使用寿命,因此要求刀具具有高耐磨性。

(4)足够的强度和韧性。这是为了防止切削时发生崩刃和脆性断裂。

高速钢经过正确的热处理后,可以获得优良的切削性能。用它制成的切削刀具比普通低合金工具钢更锋利,因此又称锋钢。这种切削刀具工作时切削速度可达0.5~0.6m/s,高速钢名称则由此而来。

高速钢适宜制造一些重要、形状复杂的高速切削刀具,如车刀、刨刀、铣刀、钻头等,还可以用来制造冷挤压模具、冲头以及受热耐磨零件。常用的高速钢有W18Cr4V、W6Mo5Cr4V2等。

2. 合金模具钢

模具钢主要用来制造冲压、成型、锻造等模具。根据工作条件不同,模具钢分为冷作模具钢和热作模具钢。

(1)冷作模具钢。

冷作模具钢有用以制造金属材料在室温下改变尺寸和形状的模具，如拉丝模、冷冲模、冷挤模等。这些模具在工作时受到很大的冲击力、压力、摩擦力，因此冷作模具钢应具备高的硬度（HRC58～62）和耐磨性，并具有一定的韧性与热处理变形小的性能，且尺寸大的模具还要具有高的淬透性。常用的冷作模具钢有 CrWMn、9Mn2V、Cr12、Cr12MoV 等。

（2）热作模具钢。

热作模具钢用以制作金属材料在高温下变形成型的模具，如热挤压模、热镦模、热锻模等。这些模具在工作时不仅承受很大的冲击力，而且模具的工作表面与炽热的金属接触，温度高达 400～600℃，同时模具反复经受高温金属与冷却介质（油、水、空气）的交替接触。因此热作模具钢必须具备高的高温强度和足够韧性，良好的抗热疲劳强度、导热性。此外由于热作模具一般尺寸较大，所以还应具有良好的淬透性。常用的热作模具钢有 5CrMnMo、5CrNiMo、3Cr2W8V 等。

3. 合金量具钢

合金量具钢用于制造各种量具，如千分尺、游标卡尺、块规、量规、深度尺等。量具经常受到磨损，为在使用过程中保持尺寸稳定，确保精度，所以量具钢应具有高硬度和耐磨性，而且热处理变形要小，还应具有良好的加工工艺性。常用的合金量具钢有 CrWMn、9Mn2V、CrMn 等。

（三）特殊性能钢

特殊性能钢是指具有特殊物理、化学性能的钢。经常使用的有不锈钢、耐热钢、耐磨钢和磁性钢。

1. 不锈钢

在腐蚀介质中具有高抗腐蚀性能的钢称为不锈钢。不锈钢主要用于抵抗空气、水、酸、碱或其他腐蚀介质腐蚀的场合。这类钢的含碳量较低，含铬、镍量较高。

常用不锈钢有铬不锈钢、铬镍不锈钢两类。

铬不锈钢的合金元素以铬为主，含量在 12% 以上。主要用于抵抗自然条件下锈蚀和有一定力学性能的零件。常用的铬不锈钢是 Cr13 型不锈钢，分为 1Cr13、2Cr13、3Cr13、4Cr13 四个牌号。

铬镍不锈钢的合金元素以铬和镍为主，一般铬的含量在 18% 左右，镍的含量在 8% 左右。它具有比铬不锈钢更强的抗锈蚀能力，主要用于制作抵抗酸、碱腐蚀的零部件，如化工容器、酸槽、输送管道等。常用铬镍不锈钢有 1Cr18Ni9、21Cr18Ni9、1Cr18Ni9Ti 等。

2. 耐热钢

在高温下具有足够的强度，并不发生氧化的钢称为耐热钢。耐热钢中加入了足够的铬、硅、铝元素，使钢在高温下与氧接触时表面生成致密的高熔点氧化膜，并严密地覆盖在零件表面，以隔绝高温气体对零件的继续腐蚀。耐热钢还加入了钨、钼、钒等元素来提高钢的高温强度。

耐热钢主要用于长期在高温下工作，又具有较高的高温强度的零件制作，如高压锅炉、内燃机的排气门等。常用的耐热钢有 15CrMo、4Cr9Si2、1Cr10Si2Mo 等。

3. 耐磨钢

在强烈磨损条件下具有高抗磨损能力的钢称为耐磨钢。耐磨钢的含碳量为 1.0%～

1.3%,含锰量为11%~14%,所以又称高锰钢。这类钢经过热处理后,钢的塑性和韧性很好,而硬度只有HB180~220。当它受到强大的压力或冲击力作用时能很快硬化,工作表面硬度可以达到HB450~550;具有很高的耐磨性,比碳素钢高十几倍,而芯部仍可保持高的塑性和韧性。因此耐磨钢非常适用于制作承受强烈冲击而又受到剧烈摩擦的零件。如拖拉机履带、挖掘机的铲齿、球磨机衬板等。常用的耐磨钢主要是ZGMn13,"ZG"是"铸钢"两字汉语拼音的首字母。

耐磨钢不易被切削加工,一般都是铸造成型再经热处理后才使用。

4. 软磁钢

硅片钢是常用的软磁钢,它是在铁中加入硅并轧制成的薄片状材料。硅钢片杂质含量极少,具有良好的磁性,是制造变压器、电动机、电工仪表等不可缺少的材料。

三、合金钢的牌号表示方法

国家标准规定,我国合金钢牌号采用国际化学元素符号和汉字及汉语拼音字母并用的原则。

1. 合金结构钢的牌号表示法

合金结构钢的牌号表示方法是采用"两位数字+化学元素+数字"的形式。前面两位数字表示钢中平均含碳量的万分之几,合金元素直接用化学元素符号表示,后面的数字表示该合金元素的平均含量的百分之几,其中滚动轴承钢例外,它表示千分之几。当平均含量小于1.5%时,牌号中只标出合金元素符号而不标出含量。如果是高级优质合金钢,则在牌号末尾加"A"。

例如60Si2Mn,表示平均含碳量为0.6%,平均含硅量为2%左右,平均含锰量小于1.5%的合金结构钢;又如38CrMoALA,表示平均含碳量为0.38%,铬、钼、铝的平均含量都小于1.5%的高级优质合金结构钢。

2. 合金工具钢的牌号表示方法

合金工具钢牌号表示方法是采用"一位数字+化学元素符号+数字"的形式。前面一位数字表示钢中平均含碳量的千分之几,当平均含碳量大于或等于1%时则不标出,高速钢含碳量也不标出。合金元素及其含量的表示法与合金结构钢相同。

例如9SiCr,表示平均含碳量为0.9%,平均含硅、铬量均小于1.5%的合金工具钢;又如Cr12MoV,表示平均含碳量大于或等于1%,铬元素含量为12%左右,钼、钒的含量均小于1.5%的合金工具钢。

3. 特殊性能钢的牌号表示方法

特殊性能钢的牌号表示方法基本上与合金工具钢相同。

例如3Cr13,表示平均含碳量为0.3%、平均含铬量为13%的不锈钢。

课题五 铸 铁

铸铁就是含碳量大于2.11%的铁碳合金。工业上常用的铸铁的含碳量一般为2.5%~4.0%,此外还含有少量的硅(Si)、锰(Mn)、硫(S)、磷(P)等元素。

铸铁具有优良的铸造性、耐磨性、切削加工性,并且价格低廉。汽车上的皮带轮、汽缸盖、活塞环、变速器外壳、后轴壳等都用铸铁制造。若按质量计算,汽车中它约占50%。但铸铁的韧性和塑性较差,是一种脆性材料,不能承受各种形式的压力加工。近几年来由于稀土镁球墨铸铁的发展,进一步打破了钢与铸铁的使用界限,实现了"以铁代钢"和"以铸代锻"。汽车的曲轴就已由球墨铸铁代替了钢。

铸铁根据其碳的存在形态可分为白口铸铁、灰口铸铁、球墨铸铁、可锻铸铁、蠕墨铸铁、合金铸铁。

一、白口铸铁

白口铸铁中的碳只有极少量融溶入铁素体中,几乎都以渗碳体 Fe_3C 的形式存在。其断口呈亮白色,所以叫白口铸铁。由于白口铸铁非常硬和脆,不能切削加工,因此工业上极少直接应用它来制造机器零件。但有少量零件(气门顶杆、凸轮轴等)为了获得较高的表面硬度和耐磨性,常用激冷的方法获得表层具有白口组织,但芯部仍是灰口铸铁的铸铁。

二、灰口铸铁

灰口铸铁中的碳大部分或全部以自由状态的片状石墨形式存在,其断口呈灰黑色,所以叫灰口铸铁。

1. 基本组织形式

由于组织成分和冷却条件的不同,灰口铸铁出现 3 种不同基本组织:铁素体 + 片状石墨、铁素体 + 珠光体 + 片状石墨、珠光体 + 片状石墨。

铁素体、渗碳体、珠光体是常温下铁碳合金的基本组织结构。

(1)铁素体。

铁素体指的是碳在纯铁910℃以下的固熔体。所谓"固熔体"就是由两种或两种以上的化学元素,在固态下互相熔解构成较均匀的物质。其中含量较多的元素称为熔剂,含量较少的称为熔质。在铁素体中纯铁就是熔剂,碳是熔质。所以铁素体的力学性能是强度、硬度低,而塑性、韧性好。

(2)渗碳体。

渗碳体是铁和碳的化合物,用化学分子式 Fe_3C 表示,含碳量为6.69%,它的性能特点是熔点高(1600℃)、硬度高(HB800)、很脆、塑性几乎等于零。

(3)珠光体。

珠光体是由铁素体和渗碳体组成的机械混合物,由于珠光体是由硬的渗碳体片与软的铁素片彼此相间组成的一种机械混合物,所以它的变形抗力较高,强度较好,硬度一般在 HB180 左右。

2. 性能比较

综上所述,可以得出以铁素体为基体的灰口铸铁性能最差;以珠光体为基体的灰口铸铁性能最好。无论哪种灰口铸铁的组织,都是在铁的基体上,存在着许多片状石墨,如图4-13所示。由于石墨的强度极低,所以把石墨的存在看作是无数条细小的"裂缝"和"孔洞"。当铸铁受到拉伸和冲击力时,首先会在"裂缝"尖角处出现断裂。石墨片越多、越粗大和分布越不均匀,则铸铁的抗拉强度和塑性就越小。

当受压时,石墨的不利因素相对表现较小,所以灰口铸铁抗拉强度低、硬度低、塑性和韧性极差。但是由于石墨的存在,使切削时容易形成碎断的铁屑,同时石墨能起到润滑作用,可以减轻刀具的磨损。当石墨从铸件表面脱落后所留下的孔洞能储存润滑油,从而可减小铸铁的摩擦系数。另外石墨组织松软,能吸收振动,因而它具有良好的消振能力。此外,铁水具有较高的流动性,并且凝固时收缩率较小,所以可以浇注各种形状复杂的铸件。因此灰口铸铁还具有良好的切削加工性、消振性、减磨性、铸造性等特性。

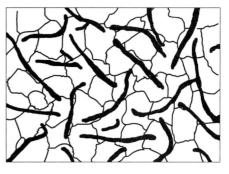

图4-13 灰口铸铁结构示意图

灰口铸铁的力学性能主要取决于基体组织和石墨存在的形式。为了提高其力学性能,一般都对铸铁进行变质处理。这就是在铁水中加入少量的变质剂,如硅铁或硅钙合金等,以获得珠光体基体和细片状的石墨组织,经过这样处理的铸铁称为变质铸铁或孕育铸铁。经变质后的铸铁强度有很大的提高,韧性和塑性亦有所改善。

由于灰口铸铁具有上述特性,因而被广泛用于制造承受压力并要求消振性的机床床身及结构复杂的箱体。汽车上用它来制作汽缸体、制动鼓等。变质铸铁由于力学性能的提高,常用来制造要求较高而截面尺寸变化较大的大型铸件。灰口铸铁在汽车上的应用,如表4-9所示。

灰口铸铁在汽车上的应用　　表4-9

牌　号	抗拉强度 σ_b （MPa）	抗弯强度 σ_b （MPa）	硬度 （HB）	应　用　实　例
	不小于			
HT150	150	330	163~229	承受中等负荷的零件,如汽缸盖、曲轴皮、带轮、飞轮等
HT200	200	400	170~241	承受较大负荷的零件,如汽缸体、制动鼓、正时齿轮
HT250	250	470	170~241	
HT300	300	540	187~255	承受较高负荷的重要零件,如凸轮、高压液压筒、液压泵和滑阀的壳体等
HT350	350	610	197~269	
HT400	400	680	207~269	

灰口铸铁的牌号,按国家标准(GB/T 9439—2010)规定用"灰铁"两个字的汉语拼音第一个大写字母"HT"表示,再加上后面一组数字,表示最低抗拉强度数值。目前按国家标准,抗弯强度不在牌号中表示。

例如HT100,HT表示灰口铸铁,100表示此牌号灰口铸铁的最低抗拉强度为100MPa。

三、球墨铸铁

球墨铸铁中的碳大部分或全部以自由状态的球状石墨存在。要使铸铁中的石墨成为球状,须经过球化处理而得到,一般使用球化剂(稀土—镁合金)使石墨成球状析出。球化剂中的镁具有很强的球化作用,但镁又是强烈阻止石墨化的元素,易使铸铁成为白口,所以还应加入硅铁(墨化剂)促使石墨析出。球墨铸铁就是在球化剂和墨化剂的共同作用下,使石墨成球状析出而形成的一种铸铁。

球墨铸铁的基本组织为铁素体球墨铸铁和珠光体球墨铸铁两类。

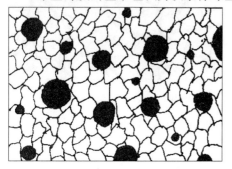

图4-14 球墨铸铁结构示意图

球墨铸铁中的石墨由于呈球状,如图4-14所示,因而对基体的削弱和割裂作用大大减弱,从而使基体的强度作用能较充分地发挥。球墨铸铁的强度大大超过灰口铸铁,而与钢差不多;其塑性和韧性有明显改善,但不如钢;此外还具有较高的疲劳强度,但略小于钢。同时,球墨铸铁仍具有良好的耐磨性、减振性、切削性。它的铸铁性能比钢好,虽然凝固时收缩比较大,仍可以用来铸造薄壁和形状复杂的铸件,但其减振性能不如灰口铸铁。

现在许多重要的机械零件都采用球墨铸铁来制造,部分替代了钢材。在汽车上应用球墨铸铁不仅可制造小型零件,而且还可制造大型零件和高速重载荷下工作的零件,如发动机曲轴、连杆等。球墨铸铁在汽车上的应用,如表4-10所示。

球墨铸铁在汽车中的应用 表4-10

牌 号	抗拉强度 σ_b (MPa)	屈服强度 σ_s (MPa)	延伸率 δ (%)	冲击韧性 α_k (J/cm²)	硬度 (HB)	应 用 实 例
			不 小 于			
QT400-17	400	250	17	60	≤179	减速器壳体、阀门、阀体、阀盖
QT400-10	420	270	10	30	≤207	
QT500-5	500	350	5		147~241	机油泵齿轮
QT600-2	600	420	2		229~302	曲轴、连杆、凸轮轴、汽缸套、齿轮等
QT700-2	700	490	2		229~302	
QT800-2	800	560	2		241~302	
QT1200-1	1200	840	1	30	≥HRC38	螺旋齿轮、减速齿轮等

球墨铸铁的牌号,按国家标准(GB/T 1348—2009)规定用"球铁"两字的汉语拼音的第一个大写字母"QT"表示,再加上后面两组数字。第一组数字表示最低抗拉强度的数值,第二组数字表示最低延伸率数值。

例如QT400-17,QT表示球墨铸铁,400表示此牌号球墨铸铁的最低抗拉强度为400MPa,17表示此牌号球铸铁的最低延伸率为17%。

四、可锻铸铁

可锻铸铁又称马铁,它是将白口铸铁经高温、长时间退火,使渗碳体分解成团絮状石墨而得到的铸铁。由于石墨呈团絮状,对基体的削弱和割裂作用减小,可锻铸铁的性能与灰口铸铁相比,具有较高的强度和塑性,韧性也较好。可锻铸铁其实并不可锻,只是一种高强度铸铁。

由于热处理的方法不同,因而可锻铸铁的基本组织也不同,其主要成分为铁素体可锻铸铁和珠光体可锻铸铁,如图4-15所示。

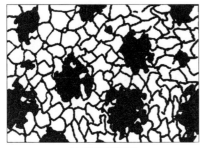 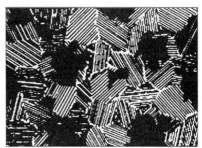

a)铁素体可锻铸铁　　　　　　　　　b)珠光体可锻铸铁

图4-15　可锻铸铁结构示意

铁素体可锻铸铁由于其断口呈黑色,所以它又称为黑心可锻铸铁;而珠光体可锻铸铁其断口呈亮灰色。

可锻铸铁适宜制造一些形状复杂和尺寸不大,强度及韧性要求较高的薄截面(小于25mm)零件。如果这类零件采用灰口铸铁制造,其力学性能得不到满足;而采用铸钢,则由于零件形状复杂、尺寸小,铸钢的流动性差,铸造会有困难。例如汽车的轮毂、后轴壳等都用可锻铸铁制造,但由于其工艺复杂,生产周期很长,成本较高,近年来不少可锻铸铁零件已被球墨铸铁所代替。可锻铸铁在汽车上的应用如表4-11所示。

可锻铸铁在汽车上的应用　　　　　　　　表4-11

牌　号	抗拉强度 σ_b(MPa)	延伸率 δ(%)	硬度 (HB)	应　用　实　例
	不小于			
KTH300-6	300	6	120～163	
KTH350-10	350	10	120～163	后桥壳、减速器壳、转向器壳、轮毂等
KTH370-12	370	12	120～163	
KTZ450-5	450	5	152～219	
KTZ500-4	500	4	179～241	凸轮轴、摇臂、活塞环等
KTZ600-3	600	5	201～269	

可锻铸铁的牌号规定用"可铁"两字汉语拼音第一个大写字母"KT"表示,黑心可锻铸铁用KTH表示,而珠光体可锻铸铁则用KTZ表示,再加上后面两组数字。第一组数字表示最低抗拉强度的数值,第二组数字表示最低延伸率的数值。

例如KTH330-8,KTH表示黑心可锻铸铁,330表示此牌号可锻铸铁最低抗拉强度为330MPa,8表示此牌号可锻铸铁的最低延伸率为8%。

五、蠕墨铸铁

蠕墨铸铁是具有形似蠕虫状石墨的铸铁。在灰铸铁浇注时,向铁液中加入蠕化剂(镁钛合金、稀土镁合金等)即可获得。蠕墨铸铁的性能介于灰铸铁和球墨铸铁之间,强度接近于球墨铸铁,具有一定的韧性、较高的耐磨性,同时又具有灰铸铁所具有的良好性能。

蠕墨铸铁的牌号用"R_UT"代表"蠕墨"两字,后面的数字代表最低抗拉强度,如R_UT380表示最低抗拉强度为380MPa的蠕墨铸铁。

蠕墨铸铁已开始在生产中广泛使用,如R_UT380、R_UT420主要用于制造汽车制动鼓、飞轮、汽缸盖等;R_UT260可制造汽车、拖拉机的某些底盘零件等。

六、合金铸铁

在灰口铸铁或球墨铸铁中加入一定量的合金元素,可以使铸铁具有某些特殊性能(耐热、耐蚀、耐磨等),这类铸铁称为合金铸铁。

1. 耐热铸铁

在铸铁中加入硅、铝、铬等合金元素,可以在铸件表面形成致密的保护性氧化膜,如Al_2O_3、SiO_2、CrO_3,将内层金属与氧化介质隔绝,使内层金属在高温时不被氧化,从而提高了铸铁的耐热性。常用的耐热铸铁有硅铸铁、高铬铸铁、镍铬硅铸铁、镍铬球墨铸铁等。耐热铸铁在汽车上主要用于制造在高温下工作的发动机进、排气门座及排气管密封环等。

2. 耐磨铸铁

耐磨铸铁是在灰口铸铁中加入铬、钼、铜、钛、磷等合金元素而形成的。加入磷后能在铸铁中形成硬而脆的磷化物,从而提高铸铁的耐磨性;加入铬、钼、铜后能使组织细化,既能提高硬度和耐磨性,又能提高强度和韧性。常用的耐磨铸铁有高磷耐磨铸铁、铌铬钼耐磨铸铁和铬钼铜耐磨铸铁等,在汽车上主要用于制造发动机缸套、活塞环等。

3. 耐蚀铸铁

耐蚀铸铁具有较高的耐蚀性能,耐蚀措施与不锈钢相似。耐蚀铸铁是在灰口铸铁中加入硅、铝、铬、镍等合金元素而形成的。这些合金元素能提高铸铁基体的电位,并使其表面形成一层致密的氧化保护膜,从而提高铸铁的耐蚀性。常用的耐蚀铸铁有高硅耐蚀铸铁、高铝耐蚀铸铁和高铬耐蚀铸铁等,主要用于制造各种在腐蚀介质环境中工作的零件。

课题六 有色金属

有色金属是指铝、铜、铅、锡等及其合金。有色金属种类很多,并具有某些特殊的性能,是现代工业必不可少的材料。汽车上广泛应用的是铝、铜及轴承合金等。

一、铝与铝合金

铝是银白色的金属,是地壳中蕴藏量最多的金属。铝及其铝合金在航空、电气和机械工程中广泛应用。

1. 纯铝

铝是一种轻金属材料,密度为$2.72 \times 10^3 kg/m^3$。铝的熔点比较低,为657℃。铝的导电、导热性好,仅次于银和铜。

铝的强度很低($\sigma_b = 80 \sim 100 \times 10^3 kPa$),塑性很高($\psi = 50\% \sim 60\%$),易于压力加工成型。

铝的抗腐蚀性能非常好,当铝被氧化后能在表面生成致密的氧化铝薄膜,能隔绝空气与铝的接触,从而可阻止进一步被氧化。

工业纯铝中主要含有铁和硅等杂质。杂质含量越多,其导电性、塑性和抗腐蚀性越差。工业纯铝的牌号以铝字的汉语拼音首字母"L"加顺序数字表示,如 L1、L2、…、L6 等。编号数越大,其杂质越多。

因此,纯铝用于做导电体、铝丝及一些要求不锈耐蚀而不要求强度的用品或器皿,不适宜用纯铝来制造承受载荷的机械零件。

2. 铝合金

在纯铝中加入适量的铜、硅、镁、锰等合金元素,可得到具有较高强度的铝合金。若再经过冷加工或热处理,还可以进一步提高其强度,甚至可提高到相当于低合金钢的强度。

1) 变形铝合金

变形铝合金适合于压力加工,根据性能和用途的不同分为以下几种。

(1) 防锈铝合金。属于热处理不能强化的变形铝合金,只能通过冷压力加工来提高强度。它具有适中的强度和优良的塑性及良好的抗蚀性。防锈铝合金的牌号用 LF 表示,主要用于制造轻载荷的冲压件及要求耐腐蚀的零件,如油箱、防锈蒙皮、客车装饰条等。

(2) 硬铝合金和超硬铝合金。经热处理后可获得很高的强度,其中硬铝合金的抗拉强度达 470×10^3 kPa,而超硬铝合金可达 680×10^3 kPa。它们的抗拉强度均已达到低合金钢的强度,但抗腐蚀性差。硬铝合金的牌号用 LY 表示,超硬铝合金的牌号用 LC 表示,这类合金多用于制造飞机结构的零件,如飞机翼梁、起落架等。

(3) 锻造铝合金。在退火状态下具有很好的塑性,适用于锻造成型,然后再进行热处理强化。锻造铝合金的牌号用 LD 表示,主要用于承受中等负荷、形状复杂的冲压零件和锻造零件,如发动机叶片、飞机桨叶等。

常用变形铝合金的牌号、成分、性能及用途如表 4-12 所示。

表 4-12 常用变形铝合金牌号、成分、性能及用途

新牌号	相当于旧牌号	主要化学成分(质量分数,%)				材料状态	力学性能			用途举例
		Cu	Mg	Mn	Zn		R_m(MPa)	δ(%)	HBW	
5A05	LF5	0.10	4.8~5.5	0.3~0.6	0.20	退化强化	220 250	15 8	65 100	焊接油箱、油管、焊条和中等载荷零件
3A21	LF21	0.2	0.05	1.0~1.6	0.10	退化强化	125 165	21 3	30 55	焊接油箱、油管、焊条和轻载荷零件
2A01	LY1	2.2~3.0	0.2~0.5	0~20	0.10	退化强化	160 300	24 24	38 70	中等强度工作温度不超过 100℃ 的结构用铆钉
2A11	LY11	3.8~4.8	0.4~0.8	0.4~0.8	0.30	退化强化	250 400	10 13	— 115	螺栓、铆钉、滑轮等

续上表

新牌号	相当于旧牌号	主要化学成分(质量分数,%)				材料状态	力学性能			用途举例
		Cu	Mg	Mn	Zn		R_m(MPa)	δ(%)	HBW	
7A04	LC4	1.4~2.0	1.8~2.8	0.2~0.6	5.0~7.0	退化强化	260 600	— 8	— 150	主要受力构件,如飞机大梁、起落架等
2A05	LD5	1.8~2.6	0.4~0.8	0.4~0.8	0.30	退化强化	— 420	— 13	— 105	形状复杂的中等强度锻件、冲压件、模型件等
2A50	LD6	1.8~2.6	0.4~0.8	0.4~0.8	0.30	退化强化	— 410	— 8	— 95	形状复杂的模锻件
2A70	LD7	1.9~2.5	1.4~1.8	0.2	0~30	退化强化	— 415	— 13	— 105	高温下工作的复杂锻件,如活塞、叶轮等

2) 铸造铝合金

铸造铝合金的品种很多,有铝硅合金、铝铜合金、铝镁合金和铝锌合金等。下面对应用最广泛、性能也较好的铝硅合金为主的活塞铝合金材料进行分析。

活塞直接受气体的高温和高压作用,进行不等速的直线往复运动,并在液体润滑十分恶劣的条件下工作,所以要求制造活塞的材料必须密度小,并具有高的导热性和耐磨性、优良的耐热性和抗蚀性,此外还要求活塞材料的线膨胀系数接近于汽缸的线膨胀系数。

铝硅合金的特点是导热性和耐热性高、耐腐蚀、质量轻、线膨胀系数小、铸造性能也好。因此活塞铝合金材料以铝硅合金为基体再加入铜和镁合金元素,则可以提高它的高温强度。

铸造铝合金的牌号用"铸铝"两字的汉语拼音的首字母"ZL"加三位数字表示。第一位数字表示合金类别,其中1为铝硅系,2为铝铜系,3为铝镁系,4为铝锌系;第二、三位数字为合金的顺序号,序号不同其化学成分也不同。常用活塞铝合金牌号为ZL103、ZL108。目前也有采用稀土铝合金(牌号为661)来制作发动机活塞,其成分基本上与ZL108相近,另外再加入少量稀土元素,使之具有更好的高温性能和更小的线膨胀系数。

常用铸造铝合金的牌号、成分、性能及用途如表4-13所示。

常用铸造铝合金牌号、成分、性能及应用   表4-13

类别	牌号	代号	主要成分(其余为Al)	力学性能		用途举例
				σ_b(MPa)	δ(%)	
铝硅合金	ZA1Si12	ZL102	Si11.5%	150	3	形状复杂的仪表、气密性薄弱零件等
铝铜合金	ZA1Cu10	ZL202	Cu10%	140	4.5	工作温度低于250℃的零件、汽车活塞等
铝镁合金	ZA1Mg10	ZL301	Mg10.5%	280	9	大气、海水中零件,承受振动零件
铝锌合金	ZA1Zn11Si7	ZL401	Si7%,Zn11%,Mn12%	220	1.7	形状复杂的汽车、飞机零件

二、铜与铜合金

铜是人类发现和使用最早的金属。铜有优良的导电、导热性和良好的化学稳定性,在性能上仅次于金和银。铜的塑性变形能力很高,可采用挤压、压延和拉拔等压力加工方法制成各种型材,工业上得到广泛应用,特别是制作导电器材,其用量占铜总用量的一半以上。在汽车工业所用的有色金属材料中,铜合金用量仅次于铝合金。汽车上各类热交换器、散热器、耐磨减摩零件、电器元件、油管等均选用了铜合金材料。

1. 纯铜

纯铜呈紫红色,俗称紫铜。其密度为 $8.96 \times 10^3 \mathrm{kg/m^3}$,熔点为 1083℃。纯铜具有优良的导电、导热性,抗蚀性也非常好。但强度不高($\sigma_b = 230 \times 10^3 \sim 250 \times 10^3 \mathrm{kPa}$),塑性极好($\delta = 40\% \sim 50\%$),可以碾压成极薄的板,拉成极细的铜丝。

纯铜广泛用于电气工业来制造电线、电刷和通信器材等。汽车上用它来制造汽缸垫、轴承、垫片、密封材料以及制动管、油管等。

纯铜的牌号以"铜"字汉语拼音首字母"T"加顺序号表示,有 T1、T2、T3、T4 四个牌号。序号数越大,纯度越低。纯铜不适宜制作各种受力的结构零件,因此工业上更广泛使用的是铜合金,常用的是黄铜和青铜。

2. 黄铜

铜与锌的合金称为黄铜。依其化学成分不同,可分为普通黄铜和特殊黄铜。

1)普通黄铜

仅由铜与锌两种元素组成的合金称为普通黄铜。在普通黄铜中,锌是影响其力学性能的主要因素。随着含锌量的变化,普通黄铜的力学性能也随之改变,含锌约为30%的普通黄铜塑性最好,含锌约为42%的普通黄铜抗拉强度最高而塑性下降。一般常用的普通黄铜含锌量多在35%~40%之间,此范围内其塑性和强度都比较好。

普通黄铜具有良好的压力加工性能并对大气、海水有较好的抗蚀性能。汽车上用它来制作散热器、油管接头、化油器的浮子等。普通黄铜的牌号用"黄"字的汉语拼音首字母"H"加数字表示,数字代表平均含铜量。例如 H68 表示含铜量为68%、其余为含锌的普通黄铜。

2)特殊黄铜

为了进一步改善黄铜的力学性能、耐蚀性和切削加工性、铸造性等,在黄铜中加入铅、锡、铝、锰、硅等合金元素,即成为特殊黄铜,被分别称为黄铜、锡黄铜、铝黄铜等。

铅黄铜具有良好的切削加工性能。锡黄铜具有优良的抗海水腐蚀性能,有海洋黄铜的美称。铝黄铜硬度、强度和耐蚀性均高于普通黄铜。

特殊黄铜在汽车上用作耐磨损的零件,如转向节主销衬套、钢板销衬套等。特殊黄铜的牌号在"H"之后的字母为元素化学符号,在元素化学符号之后再注明铜及主加元素的含量。例如 HSn62-1 表示含铜量为62%、含锡量为1%,其余为含锌的锡黄铜。如果是铸造的则在牌号前加"铸"字的汉语拼音首字母,例如 ZHSn80-3。

特殊黄铜分为压力加工和铸造加工两种,前者加入合金元素较少,以保证有足够的变形能力,后者加入合金元素较多,不要求很高的塑性,仅为了提高强度和铸造性能。

常用黄铜的牌号、成分、性能和用途如表 4-14 所示。

常用黄铜的牌号、成分、性能和用途　　　　表 4-14

类别	名称	牌号	大致成分			力学性能		用途举例
			Cu	Zn	其他	σ_b(MPa)	δ(%)	
压力加工黄铜	普通	H68	68%	32%		320/660	55/3	汽车散热片、导电零件、仪表零件等
		H62	62%	38%		330/600	49/3	垫圈、弹簧、螺栓、螺钉及小零件
	特殊	HSi80-3	80%	17%	Si3%	300/600	58/4	蒸汽管、水管、船舶零件
		HPb63-3	63%	34%	Pb6%	350/600	55/5	汽车、钟表零件
		HSn62-1	62%	37%	Sn1%	400/700	40/4	冷凝器管
铸造黄铜		ZCuZn38	62%	25.5%	Pb2%、Al2.5%、Mn2%、Si3%	300/300	30/30	散热器、螺钉、弹簧
		ZCuZn33Pb2	59%	28.5%		200/250	10/20	切削零件
		ZCuZn31Al2	67%	20.5%		300/400	12/15	耐蚀零件、海用机械

3. 青铜

除黄铜和白铜（铜与镍的合金）以外的其余合金，都称为青铜。一般分为锡青铜和特殊青铜（无锡青铜）两类。

1）锡青铜

铜合金中主要加入锡元素的称为锡青铜。

锡青铜具有很高的硬度和强度，其力学性能随着含锡量的不同而变化。当含锡量小于 5% 时，随着含锡量的增加，塑性、强度逐渐增高；当含锡量大于 5% 时，强度仍增高，而塑性却下降；当含锡量大于 10% 时，塑性大幅度下降，脆性增加。所以工业用锡青铜含锡量一般不超过 10%。

锡青铜的铸造收缩率是合金和有色金属中最小的，因此适用于铸造对外形尺寸要求较高的零件。但它的铸造致密性不高，易产生分散缩孔，故不适宜制作对密度和密封性要求严的铸件。锡青铜的抗腐蚀性比纯铜和黄铜好，耐磨性也很好。汽车上用来制造耐磨零件，如连杆衬套、差速器行星齿轮球形垫片等。锡青铜的牌号用"青"字的汉语拼音首字母"Q"，加锡的元素符号和数字表示。例如，QSn4-3 表示含锡量为 4%、含其他元素量 3%（这里是锌）的锡青铜。铸造锡青则在牌号前加字母 Z，例如 ZQSn10-1。

2）特殊青铜

在纯铜中加入铝、锰、铍、硅等元素而组成的铜合金称为特殊青铜或无锡青铜。

特殊青铜是锡青铜的良好代用品，它具有比锡青铜更好的力学性能、抗腐蚀性、耐磨性。最常用的特殊青铜是铝青铜和铍青铜。

铝青铜是以铝为主要合金元素的铜合金。它的强度比黄铜和锡青铜都高，耐磨性和抗腐蚀性也很好，而且可以进行热处理强化。常用它来铸造承受重载的齿轮、轴套和其他要求耐磨、耐腐蚀的零件。常用牌号为 QAL7、ZQAL10-2 等。

铍青铜是以铍为主要合金元素的铜合金。经淬火和人工时效处理后，它的强度、硬度、弹性、疲劳强度好，而且导电、导热性能，耐蚀性、耐磨性均高于其他铜合金，主要用于制作重要弹簧和弹性零件及电接触器等。常用牌号有 QBe2.5、QBe 等。

特殊青铜的牌号表示方法与锡青铜相同。

常用青铜的牌号、成分、性能和用途如下表 4-15 所示。

常用青铜的牌号、成分、性能和用途   表 4-15

类别	名称	牌号	大致成分			力学性能		用途举例
						σ_b(MPa)	δ(%)	
压力加工青铜	锡青铜	QSn4-3	Sn4%	Zn3%	Cu93%	350/550	40/4	弹簧、耐磨、抗磁零件
		QSn7-0.2	Sn7%	P0.2%	Cu92.8%	360/550	64/15	弹簧片、轴承、蜗轮
	特殊青铜	QSi3-1	Si3%	Mn1%	Cu96%	359/750	50/1	齿轮、蜗轮、弹簧
		QCd1.0	Cd1.0%		Cu99%	250/600	40/1.5	整流子、电极材料
		QBe2	Be2%		Cu98%	500/1250	35/3	重要弹簧、高速高温高压零件
铸造青铜		ZCuSn10Pb5	Sn10%	Pb5%	Cu85%	200/250	10/10	耐磨轴承
		ZCuPb15Sn8	Pb15%	Sn8%	Cu77%	150/200	6/3	高压下工作的重要轴承
		ZCuAl9Mn2	Al9%	Mn2%	Cu89%	400/450	20/20	耐蚀、高强度零件、大型铸件

三、轴承合金

轴承是机器上的重要零件,目前机器中使用的轴承有滚动轴承和滑动轴承两类。在滑动轴承中,制造轴瓦内衬的合金称为轴承合金。汽车发动机中曲轴轴承、连杆轴承大多采用滑动轴承。滑动轴承是支承着轴进行工作的,当轴在其中转动时,在轴颈与轴瓦之间必然存在着剧烈的摩擦,并承受轴颈传递的交变载荷。为了保证轴受到最小的磨损而又适应其工作条件,轴承材料应具有下列性能。

(1)足够的强度、硬度。

(2)足够的塑性、冲击韧性,较高的抗疲劳强度。

(3)良好的导热性和耐蚀性,有利于散热和抵抗润滑油的腐蚀。

(4)高的耐磨性和小的摩擦系数,并能保存润滑油。

(5)良好的磨合性,使其能与轴颈较快地紧密配合。

为了满足上述要求,除了从原材料的力学性能、物理化学性能和价格上考虑外,轴承合金应有一个理想的组织。理想组织是在塑性好的软基体上,均匀地分布着硬质点,如图 4-16 所示。

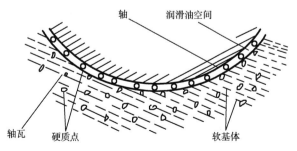

图 4-16 轴承合金的理想组织示意图

当轴运转时,软基体组织的塑性高,能与轴颈较好磨合,软基体很快被磨凹下去,而硬质点却与轴颈表面接触并承受载荷,同时软基体上凹下去的微小空间可以储存润滑油,几乎形成了理想的摩擦条件,并减少轴颈与轴瓦的磨损。

常用的轴承合金有以下几种。

1. 锡基轴承合金

锡基轴承合金是以锡为基体,加入少量的锑和铜元素所组成的合金。锑在锡中的固溶体是软基体,锑与锡形成的化合物(SnSb)是硬质点。

锡基轴承合金硬度适中(HB30),韧性很好,摩擦系数与热膨胀系数小,还具有优良的耐蚀性和导热性。由于锡是低熔点金属,所以锡基轴承合金的工作温度应在150℃以下。此合金材料广泛用于汽车等机械的高速轴承上,如汽车、柴油发动机曲轴和连杆轴瓦。

锡基轴承合金的牌号用汉字"承"的汉语拼音字母"ch",加上基体元素和主加元素的符号以及主加元素与辅加元素的含量来表示。合金是浇注的,在牌号前应加上字母 Z。例如 Zch-SnSb11-6,表示含锑量为 11%、含铜量为 6% 的锡基轴承合金。

2. 铅基轴承合金

铅基轴承合金是以铅为基体,加入一定量的锑、锡、铜元素所组成的合金。熔有锡和锑的铅为软基体,锑、铜与锡形成的化合物($SnSb$、Cu_3Sn)是硬质点。

铅基轴承合金的硬度与锡基轴承合金相同,但它的韧性差,摩擦系数稍大,工作温度不超过120℃,价格较低。由于锡是一种稀缺昂贵的金属,故尽可能用铅基轴承合金代替锡基轴承合金。它适用于制作中等负荷机器的轴瓦,如汽车的连杆轴承、压缩机及真空泵的轴承等。

铅基轴承合金的牌号表示方法与锡基轴承合金基本相同。

3. 铝基轴承合金

目前采用的铝基轴承合金有铝锑镁轴承合金和高锡铝基轴承合金。高锡铝基轴承合金是以铝为基体,加入一定量的锡与铜元素所组成的合金。其合金组织为铝锡共晶构成的软质点均匀分布在硬的铝基体上,所以它的组织特性是在硬基体上具有软质点。

铝基轴承合金具有承受重载荷、高转速的性能,抗疲劳强度和工作温度均超过锡基轴承合金,可满足发动机不断发展的需要。目前发动机的曲轴轴承和连杆轴承大都采用铝基轴承合金,但它因热膨胀还存在着缺陷,有待进一步完善。

制造汽车内燃机轴瓦的铝基轴承合金牌号是 20 高锡铝合金。其组织含铜量为 0.8% ~ 1.2%,含锡量为 17.5% ~22.5%。它由钢带(08 钢板)、铝锡合金及夹有纯铝中间层的三层金属轧制而成,中间纯铝层是为提高铝锡合金与钢带的黏结强度而添加的。

4. 铜基轴承合金

铜基轴承合金是以铜为基体,加入适量的锡、铅、锌等元素组成的铸造锡青铜和铅青铜等铜合金。铜基轴承合金具有强度高、承载能力大、耐热性好等优点。但其减摩性差,常需要在其工作表面镀一层软金属(铅锡或铅锡铜合金)。它在汽车上主要用于制造高速重载的曲轴轴瓦,常用的牌号有 ZCuZn10Pb1、ZCuPb30 等。

四、其他合金

随着材料科学和汽车制造技术的发展,除了铝与铝合金、铜与铜合金等有色金属在汽车上得到大量应用外,镁与镁合金、锌与锌合金、钛与钛合金以及粉末冶金等新型合金材料在汽车上也得到了应用。

1. 镁与镁合金

镁的密度为 $1.74\times10^3 \text{kg/mm}^3$,还不到铝的密度的 2/3,是铁的 1/4,是金属结构材料中密度最小的。镁合金是在镁中加入铝、锌、锰、锆等合金元素而成的。目前,已有不少汽车零件采用镁合金制造,如壳体类的发动机汽缸体、曲轴箱、变速器壳、离合器壳、进气歧管等。

此外,一些车身骨架零件和车身覆盖件的镁合金化也在实施中。镁合金作为工业中最轻的金属材料,凭借良好的阻尼减振性能,可以生产出质量轻、耗油少、环保型的新型汽车。因此镁合金称为汽车轻量化的首选材料。

2. 锌与锌合金

锌的密度为 $7.1\times10^3 \text{kg/mm}^3$。锌合金是在锌中加入铝、铜和镁等金属元素而成的。锌合金在汽车上主要用作汽车泵壳、机油泵壳、车门手柄、刮水器、安全带和内饰件等。

3. 钛与钛合金

钛呈亮银色,密度为 $4.5\times10^3 \text{kg/mm}^3$,熔点高达 1720℃,是一种高熔点的轻金属。钛合金是在钛中加入铝、铬、锰、钼和钒等合金元素而成的。钛合金的制造过程,不仅能节约材料、简化加工,而且能获得传统材料所不具备的某些特殊性能。

4. 粉末合金

粉末合金是由几种金属粉末或金属粉末和非金属粉末压制成型,再经高温烧结而成的材料。粉末合金的冶炼、制取工艺称为粉末冶金。粉末冶金是一种新兴的技术,它能在完成金属材料冶炼的同时,获得形状大小合乎要求的机械零件。因此,它既是一种制取金属材料的冶金方法,也是一种制造机械零件的加工方法。粉末冶金获得的粉末合金零件只需合金也可用来替代传统的石棉制品,用于制造汽车制动片、离合器摩擦片等摩擦材料,以满足环保的要求;粉末合金还能达到传统材料难以达到的耐高温和耐高压性能,可用于制造现代汽车的过滤元件和消声元件等。

粉末合金零件在汽车上已经得到广泛的应用,国外粉末冶金 60% 以上都用于汽车制造。粉末合金零件微孔多,其硬度高,耐磨性好且强度较好,可用于制造气门导管、离合器衬套、轮毂油封外圈、机油泵齿轮、曲轴带轮、水泵叶轮、正时齿轮等减摩和耐磨零件;粉末高,韧性、耐蚀性良好,但成本较高。钛合金以前一直用于航空、航天零件的制造,目前在汽车上主要用作连杆、曲轴、气门、气门弹簧和悬架弹簧等。

单元五
汽车燃料、润滑剂、工作液及非金属材料

课题一　汽车用燃料

燃料是指经过化学反应后，能够放出大量热能的物质。例如煤、木柴、木炭、酒精、煤气、汽油、煤油、柴油等物质。汽车常用的燃料一般为汽油、柴油等。

一、汽油

汽油是目前汽车发动机中使用最多的燃料，其主要性能指标体现在蒸发性、抗爆性及腐蚀性等方面。

（一）汽油的使用性能

汽油的使用性能对发动机工作的可靠性、经济性、环保性和使用寿命都有很大影响。汽油发动机对汽油的使用性能要求是：具有较好的蒸发性（气化性）；具有较好的抗爆性；具有良好的氧化安定性；不应引起发动机零件的腐蚀；燃油内不含机械杂质和水，燃烧时形成积炭和胶质要少。

1. 汽油的蒸发性

汽油由液体状态转化为气体状态的性能，叫作蒸发性。

现代汽油发动机所用混合气的气化过程通常只有百分之几秒，甚至千分之几秒。在这极短的时间内，燃油的喷出、雾化蒸发过程决定着混合气的质量。因此，要求汽油具有良好的流动和气化性能，以保证在各种条件下发动机容易起动、加速和正常运转。汽油的蒸发性越好，就越易气化，在冷车或低温情况下也能使发动机顺利地起动和正常工作。反之，若汽油的蒸发性差，汽油气化不完全，难以形成足够浓度的混合气，这样不但发动机不易起动，而且混合气中的一些悬浮的细小油滴进入燃烧室，会造成发动机工作不稳定，燃烧不完全，增加燃料的消耗，甚至流入曲轴箱稀释机油，增加机件磨损。

汽油的蒸发性也不宜太好，否则，会使汽油在保管时损耗加大。尤其在夏季使用时，汽油未进入汽缸以前就蒸发为气体，在汽油泵、输油管曲折处或油管较热的部分形成气泡，使汽油泵的泵油能力下降，妨碍汽油流通。这会导致燃料供应不足而出现怠速不稳、加速不良、甚至熄火等现象。

蒸发性太好的汽油当受热而产生的汽油蒸气，将汽油从化油器的燃料管路中压出，使混合气变得过浓，同样会出现怠速不稳、停机或者再起动困难等现象，这种现象称为"热渗"。

衡量汽油蒸发性的指标有"馏程"和"蒸气压"两项。

1）馏程

馏程是汽油重要的质量指标之一，它可以判断汽油的馏分范围和汽油蒸发性的好坏。

馏程的测定是在石油产品馏程测定器上进行的。

馏程测定方法：用量筒量取 100mL 汽油，倒入带有支管的蒸馏烧瓶中，并将仪器安装好，然后按一定的条件，将烧瓶中的汽油加热。汽油遇热气化，蒸发成气体，通过蒸馏烧瓶的支管进入冷凝器，冷却后又变成液体汽油。从冷凝管中流出第一滴油时的温度到蒸馏结束时的最高温度，这个温度范围称为汽油的"沸点范围"，汽油沸点范围是 30~205℃。蒸馏出第一滴油时的温度叫作初馏点；蒸馏出 10mL、50mL、90mL 时的温度分别称为 10% 馏出温度、50% 馏出温度、90% 馏出温度；蒸馏完毕时的最高温度称为终馏点或干点。

从馏程可以看出汽油轻质成分和重质成分的比例。从馏程中各个馏出温度，可以判断汽油在使用中的情况。

初馏点是汽油的最低馏出温度，它表示汽油在发动机起动时，是否含有必需的轻质馏分。一般车用汽油初馏点为 35~45℃。

10% 馏出温度表示汽油的平均蒸发性，它对发动机起动后正常工作温度的热起时间和加速有一定的影响。当这个温度低时，平均蒸发性好，容易蒸发成气体去参加燃烧，因此，发动机热起时间短。当这个温度低，且供油量急剧增加时，汽油能充分气化，燃烧完全，因此加速性好。

90% 馏出温度和干点表示汽油中重质成分含量的多少，对于汽油能否完全燃烧和发动机磨损大小有一定的影响。这个温度过高，汽油燃烧不完全，排气冒黑烟，耗油量增大。没有完全燃烧的重质汽油会冲刷掉汽缸壁上的润滑油，使润滑条件更差，当重质汽油沿汽缸壁流入曲轴箱中，会稀释润滑油，使其黏度变小，易于窜入燃烧室被烧掉，因而润滑油消耗量也随之加大。

蒸馏器工作原理如图 5-1 所示。

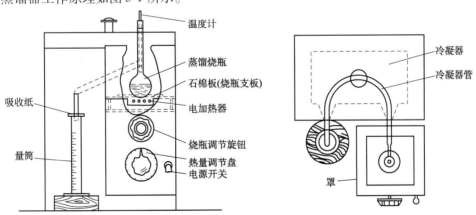

图 5-1 蒸馏器工作原理

2）蒸气压

蒸气压是表示汽油蒸发性的另一个指标。它是在一定的试验条件下，汽油在规定的密闭容器中蒸发时所产生的最大蒸气压力。汽油的蒸汽压越高，说明油中含轻质成分越多，其蒸发性越好，起动性能也越好，在使用时产生"气阻"的可能性越大，在储存中的蒸发损耗也越大。

国家标准规定蒸气压不得大于 66.67kPa(500mmHg)。

2. 汽油的抗爆性

抗爆性是衡量汽油燃烧性能的指标。用于判断汽油在发动机中燃烧时,是否易于发生不正常的爆燃现象。

1)爆燃

汽油在发动机中正常燃烧时,火焰传播速度保持在 20~25m/s,汽缸内压力和温度的变化也很均匀。若使用抗爆性不好的汽油时,燃烧的情况就不同。当混合气点燃后,火焰前沿未燃的混合气在正常火焰的热辐射和压力作用下,处于高温、高压状态下,化学反应(预燃烧反应)加快。如果火焰及时传到将它引燃,这就是正常燃烧的过程。若正常火焰尚未到达,这部分混合气的化学反应已经完成,最终引起自燃。此时新的火焰传播速度急剧增加至 1500~2500m/s,产生了如同冲击波那样的异常压力波,撞击发动机汽缸壁和活塞,并出现特有的异常声音,这种现象就称为爆燃。爆燃会使发动机功率下降,油耗增加,稳定性变差。如爆燃十分剧烈,可使发动机损坏。

影响爆燃的因素很多,主要有燃料品质、压缩比和燃烧室结构、点火时刻、混合气体成分以及发动机转速和负荷等。

2)辛烷值

辛烷值是评价汽油抗爆性能的指标,汽油的牌号就是根据辛烷值规定的。所谓汽油辛烷值,就是用和试验汽油抗爆性能相同的异辛烷(抗爆性能最好,规定辛烷值为 100 个单位)与正庚烷(抗爆性能最差,规定辛烷值为 0 个单位)所组成的混合物中,异辛烷所占有的体积百分数来表示的。所谓的 95 号汽油,就是 95% 的异辛烷和 5% 的正庚烷。汽油的辛烷值越大,抗爆性能越好。

提高汽油辛烷值的方法主要有两种:一种是在汽油中加入抗爆剂,另一种方法是采用含有高辛烷值烃类成分的汽油炼制工艺。一般来说,工厂提高汽油辛烷值的途径有三个:一是选择良好的原料和改进加工工艺,例如采用催化裂化、重整等二次加工工艺;二是向产品中调入抗爆性优良的高辛烷值成分,例如异辛烷、异丙苯、烷基苯等;三是加入抗爆剂。

在汽油中加入少量高效率的抗爆剂可以大大提高低辛烷值汽油的抗爆性,也是取得高辛烷汽油的最经济的方法,尤其是当加工和调和工艺尚不过关时,加抗爆剂也就成为调整汽油辛烷值的有效办法。但是在实际应用中,却存在着抗爆剂成本高的难题。效果最好的是锰基有机化合物抗爆剂(MMT),但因为成本过高,以及需要在尾气过滤装置中增加更大的成本,所以在我国并没有投入使用。我国使用较多的是一种简称 MTBE 的有机抗爆剂。这种抗爆剂的缺点是使汽油很容易吸收水分,所以在使用和储运中很难加以控制。换句话也就是说:MTBE 加得越多,油品中的水分也就会越多,这样的油品不仅燃烧效率低,动力不足,而且更容易对发动机产生腐蚀。

3. 汽油的氧化安定性

汽油的氧化安定性是表示汽油在储存、使用过程中被氧化产生胶状物质的倾向。安定性差的汽油在储存时,由于溶解氧而被氧化,会产生不能挥发的胶状物质,使用后会在输油管、过滤器中产生胶状物,堵塞油路甚至使供油中断。胶状物在进气歧管和进气门上沉积,在高温时会生成积炭。由于结胶和积炭,可使发动机散热不良,机件磨损增大,并引起气门关闭不严。当燃烧室内积炭过多,还容易引起爆燃。因此,汽油质量标准内有限制胶质的指标。

我国石油质量标准规定,车用汽油的实际胶质最多不超过5mg/100mL。

对于某些炼制工艺(如热裂化)生产的氧化安定性差的汽油,可采用加入抗氧化剂的方法来改善其安定性。

4. 汽油的腐蚀性及其他指标

汽油成分中的各种烃类都是没有腐蚀性的,而引起腐蚀的物质是硫及硫化物、有机酸及水溶性酸和碱。由于汽油要同许多不同的金属部件接触,如有腐蚀性就会腐蚀这些部件。所以在国家标准中,对汽油的腐蚀性有严格的要求。

1)硫分

硫分指的是汽油中含硫量的总和,用质量百分率表示。汽油中含的硫经燃烧后会生成二氧化硫,它在汽缸或排气管中遇到冷凝水或水气时,会形成亚硫酸,对金属具有强烈的腐蚀性。同时,硫分过多还会降低汽油辛烷值和降低汽油对四乙基铅的接受性。因此,汽油中的硫分不允许超过规定值,国家标准规定硫的含量不应大于0.15%。

2)铜片腐蚀试验

铜片腐蚀试验用于检查汽油中是否有游离硫和活性硫化物。

3)酸度

酸度用于表示汽油中有机酸的总含量。车用汽油中酸度含量规定应不大于3mgKOH/100mL。

4)水溶性酸和碱

这个指标用于反映汽油中是否含有能溶于水的酸和碱,如硫酸、盐酸、氢氧化钠等。由于水溶性酸或碱对金属有强烈的腐蚀作用,因此,汽油中不允许含有水溶性酸和碱。

此外汽油中还不允许含有机械杂质和水分。机械杂质、水分遇冷冻结都会堵塞滤清器和输油管道,使供油不畅,甚至中断供油。机械杂质如进入汽缸,还会增加积炭和加大机件的磨损。

(二)汽油的牌号、规格及选用

1. 汽油的牌号和规格

车用汽油牌号是指交通工具加汽油的种类,车用汽油(Ⅲ)和车用汽油(Ⅳ)按研究法辛烷值分为90号、93号和97号三个牌号,车用汽油(Ⅴ)按研究法辛烷值分为89号、92号、95号和98号四个牌号。89号、92号和95号的车用汽油(Ⅴ)的技术要求和试验方法见表5-1。

车用汽油(Ⅴ)的技术要求和试验方法　　　　表5-1

项目		质量标准			试验方法
		89	92	95	
抗爆性: 研究法辛烷值(RON) 抗爆指数(RON+MON)/2	不小于 不小于	89 84	92 87	95 90	GB/T 5487—2015; GB/T 503—1995; GB/T 5487—2015

续上表

项 目		质量标准			试验方法
		89	92	95	
铅含量(g/L)	不大于	0.005			GB/T 8020—2015
馏程： 10%蒸发温度(℃) 50%蒸发温度(℃) 90%蒸发温度(℃) 终馏点(℃) 残留量(%)(体积分数)	不高于 不高于 不高于 不大于 不大于	70 120 190 205 2			GB/T 6536—2010
蒸汽压(kPa) 11月1日至4月30日 5月1日至10月31日	不大于 不大于	45~85 40~65			GB/T 8017—2012
胶质含量(mg/100mL) 未洗胶质含量(加入清净剂前) 溶剂洗胶质含量	不大于	30 5			GB/T 8019—2008
诱导期(min)	不小于	480			GB/T 8018—2015
硫含量(%)(质量分数)	不大于	10			SH/T 0689—2000
硫醇(需要满足下列条件之一) 博士实验 硫醇硫含量(%)(质量分数)		通过 0.001			NB/SH/T 0174—2015； GB/T 1792—2015
铜片腐蚀(50℃,3h)(级)	不大于	1			GB 5096—1985
水溶性酸或碱		无			GB 259—1988
机械杂质及水分		无			目测
苯含量(%)(体积分数)	不大于	1.0			SH/T 0713—2002
芳烃含量(%)(体积分数)	不大于	40			GB/T 11132—2008
烯烃含量(%)(体积分数)	不大于	24			GB/T 11132—2008
氧含量(%)(质量分数)	不大于	2.7			NB/SH/T 0663—2014
甲醇含量(%)(质量分数)	不大于	0.3			NB/SH/T 0663—2014
锰含量(g/L)	不大于	0.002			SH/T 0711—2002
铁含量(g/L)	不大于	0.01			SH/T 0712—2002
密度(20℃)(kg/m³)		720~775			GB/T 1884—2000； GB/T 1885—1998

2. 汽油的选用

选用汽油时,主要根据发动机的压缩比来确定。许多车主误认为,汽油的标号就是油品纯净度和质量的标准,车辆使用标号越高的汽油越好,这种想法是错误的。汽油标号的高低只是表示汽油辛烷值的大小,应根据发动机压缩比的不同来选择不同标号的汽油。压缩比在8.5~9.5之间的中档轿车一般应使用93号汽油;压缩比大于9.5的轿车应使用95和97号汽油。目前国产轿车的压缩比一般都在9以上,所以最好使用93号或97号汽油。高压缩比的发动机如果选用低标号汽油,会使汽缸温度剧升,汽油燃烧不完全,机器强烈振动,从而使输出功率下降,机件受损。低压缩比的发动机硬要用高标号油,就会出现"滞燃"现象,即压到了头它还不到自燃点,一样会出现燃烧不完全现象,对发动机也没什么好处。

因此,建议最好不要混燃,尽量使用适合标号的汽油,不小心混用了两种燃油,问题不大,用完后加回原来的油号就可以了。

二、轻柴油

轻柴油是在原油蒸馏时,继汽油、煤油蒸馏出来以后,沸点为180~370℃的碳氢化合物。轻柴油主要使用在小型高速柴油机上。

(一)轻柴油的使用性能

轻柴油的使用性能指标有十六烷值、低温流动性、蒸发性、黏度、含硫量等。

1. 十六烷值

轻柴油的发火性指标是十六烷值,即表示柴油的自燃能力。十六烷值的测定方法与测定汽油的辛烷值相似,也是用两种燃烧性能悬殊的烃类作为基准物。其中一种以发火性最好的正十六烷,把它的十六烷值定为100个单位;另一种为发火性最差的α-甲基萘,把它的十六烷值定为0个单位。按不同体积混合这两种基准物,就可以获得十六烷值从0~100个单位的标准燃料。测定十六烷值的方法应按照国家标准GB/T 386—2010《柴油十六烷值测定法》进行。

轻柴油的十六烷值越高,自燃点越低。但轻柴油的十六烷值并不是越高越好,十六烷值若超过一定数值后,不仅没有必要,而且还会加大耗油量。

现代高速柴油机(1000r/min以上)要求轻柴油的自燃点低,以保证在短时间内完全燃烧,所以要求用十六烷值高的轻柴油。一般转速为1000~1500r/min的柴油机,使用十六烷值为40~45的轻柴油;1500r/min以上的柴油机,可使用十六烷值为45~60的轻柴油,所以通常要求轻柴油的十六烷值在40~60为好。

在使用中为提高轻柴油十六烷值,可在轻柴油中加入一些添加剂。常用的添加剂有丙酮过氧化物、四氢萘过氧化物等。在轻柴油中加入上述添加剂,可以提高十六烷值16~24个单位。

2. 低温流动性

轻柴油随着温度降低为什么会逐渐失去流动性呢?当温度降低时,轻柴油中的蜡开始析出(颜色混浊),最初蜡的结晶很细小,尚不影响油的低温流动性;但随着温度继续下降,石蜡结晶也变大,易堵塞滤清器和油管等,影响供油;温度再降低时,石蜡会形成网络状结晶,液态烃类就均匀地分布在结晶网中,从而使轻柴油完全失去流动性,达到凝固。我们把这时的温度称为凝点。

凝点是轻柴油的重要指标之一,轻柴油的牌号就是按凝点来区别的。轻柴油的低温流动性也是以凝点来表示的,它能判断轻柴油适宜在什么样的气温下使用。轻柴油在低温下使用、运输时,都要求它的凝点低于环境温度3~5℃。十六烷值高的轻柴油,凝固点通常也较高,这就使生产高十六烷值、低凝点的轻柴油受到一定限制。为了降低轻柴油的凝点,改善其低温流动性,除了采用脱蜡方法将柴油中的蜡分离出外,还可以使用掺兑裂化煤油的方法。在轻柴油中掺兑裂化煤油,能获得低凝点轻柴油。通常在0号轻柴油中掺入4%裂化煤油,可获得凝点为-10℃的轻柴油;在10号轻柴油中掺入4%裂化煤油,可获得凝点为-20℃的轻柴油。此外还可以采用加降凝剂的方法,当柴油中加入降凝剂后,当温度降低,蜡晶刚形成时,降凝剂就会起到成核剂的作用与蜡晶共同析出或吸附在蜡晶表面上,阻止了蜡晶间的相互黏接,防止生成连续的结晶网,使蜡晶颗粒更加细微,能很好地通过滤网。降凝剂这种破坏或改变蜡结晶的功能,就可降低柴油的冷滤点和凝点。目前该技术已更新换代到第二代产品,为了区分第一代产品,更名为第二代柴油防凝剂。常用的降凝剂品种是低分子的乙烯—醋酸乙烯酯、乙烯—丙烯醋酸酯共聚物等,柴油降凝剂的推荐使用量为0.01%~0.1%,国外实际加入量为0.03%左右。

3. 蒸发性

在低温条件下为使燃料容易着火必须要有较高的十六烷值。另一方面为使发动机在低温时,能够在很短时间内迅速形成混合气,就要求燃料的蒸发性越高越好。但是一般燃料的十六烷值和蒸发性为反比例关系,即燃料的蒸发性越大,而十六烷值越小。由于高速柴油机混合气形成的时间极短,故对燃料的蒸发性要求较高,所以轻柴油的蒸发性对发动机起动的影响比十六烷值重要。

轻柴油的蒸发性是用馏程和闪点来表示。

1)馏程

测定轻柴油馏程的方法和测定汽油馏程的方法大致相同,一般是用300℃的馏出量来评定轻柴油的蒸发性。300℃馏出量的百分数越大,说明轻质馏分越多,蒸发速度就越快,燃烧性就越好。

蒸发性好的轻柴油能在短时间内同空气混合均匀,十分利于发动机的起动,表5-2是轻柴油50%馏出温度与起动性的关系。50%馏出温度越低,就越容易起动。

轻柴油50%馏出温度与起动性的关系　　　表5-2

轻柴油50%馏出温度T(℃)	200	225	250	275	285
发动机的起动时间(s)	8	10	27	60	90

在同一条件下使用相同十六烷值的柴油,在300℃时馏出量多,耗油量就小,反之耗油量就大。

当轻柴油馏分过重时,由于燃烧不完全而积炭增多和稀释机油等原因,会加剧机械磨损;当轻柴油馏分过轻时,喷入汽缸的轻柴油蒸发太快,会引起全部轻柴油迅速燃烧,造成压力突然增高,产生爆燃。

柴油机的爆燃与汽油机的爆燃在本质上是有区别的。汽油机的爆燃是由于点火后,火焰前沿还没有传播到那部分化学反应已经结束的混合气时,自行燃烧而引起的,一般发生在燃烧末期。柴油机的爆燃却是由于柴油不能及时自行燃烧,着火落后期(从燃料开始喷入汽缸到发火为止的这一段时期)过长而引起的,一般发生在燃烧的初期。

2)闪点

闪点是指石油产品在一定试验条件下加热后,燃油蒸气与周围空气形成的混合气,当接近火焰时开始发出闪火的温度。

闪点是表示柴油蒸发性的指标,闪点低的柴油蒸发性好。轻柴油的闪点不能过低,以防轻质馏分过多,蒸发太快造成汽缸压力突然上升,产生爆燃。闪点又是贮运和使用中的安全性指标。对轻柴油闪点的要求随发动机工作条件和油箱位置的不同而不同。发动机在露天工作时,对闪点要求不十分严格。而一些固定式柴油机多在室内,对闪点的要求较严格,闪点不能过低,以确保安全。

4. 黏度

液体受外力作用移动时,在液体分子间发生阻力的性质称为黏度。

黏度是表示油料稀稠度的一项指标。黏度是随温度的变化而改变的,温度高时油料变稀,黏度变小;反之,温度低时油料变稠,黏度变大。轻柴油的黏度是指20℃时的运动黏度,单位为 mm^2/s。

轻柴油的黏度对喷油泵的润滑性和工作可靠性有很大的影响。轻柴油的黏度过小时,喷油泵的润滑得不到保证,使滑动部分产生异常磨损,并使喷油泵不密合处漏油,造成喷射压力减小,供油量不足,引起发动机功率下降。

轻柴油的黏度也影响发动机燃烧室内的喷雾质量。黏度小的轻柴油,喷入燃烧室内的油滴直径微小,而且分布均匀,雾化质量好,有利于混合气的形成。但是黏度小的轻柴油,喷油射程较短。反之,轻柴油的黏度过大,射程过长,燃油的雾化质量不好,造成燃烧不完全、排气冒黑烟,耗油量就会增加,所以轻柴油必须保持适当的黏度。

5. 腐蚀性

轻柴油的腐蚀性是由含硫量、酸度、水溶性酸和碱及腐蚀试验4个指标来控制的。

含硫量对轻柴油的使用影响较大,这是由于含硫燃料燃烧后会生成硬质的积炭,这些积炭又容易附着于活塞环槽和汽缸套表面,从而加速机件磨损。与此同时含硫的废气与水蒸气凝聚,还会增加对发动机的腐蚀,而含硫的废气进入曲轴箱,则会大量增加润滑油的沉淀物,促使润滑油老化变质。我国柴油现行规格中要求含硫量控制在0.5%~1.5%。

此外,还要求轻柴油有较好的安定性,轻柴油的安定性是以实际胶质来表示的。使用实际胶质大的轻柴油,会堵塞燃料滤清器,黏着喷油嘴,附着在活塞顶和气门上使气门关闭不严。轻柴油安定性的改善方法与汽油相同,加入抗氧化剂及清净剂是有效的。

(二)轻柴油的牌号、规格及选用

柴油机的转速不同,使用的燃料也不同。一般柴油机汽车均属高速柴油机,应使用轻柴油。

1. 柴油的牌号、规格

轻柴油的牌号是根据凝点命名的。如-10号轻柴油,表示其凝点应低于-10℃。目前我国轻柴油有10号、5号、0号、-10号、-20号、-35号和-50号7种,其规格见表5-3。

轻柴油的规格 表 5-3

项　　目	不大于	10 号	5 号	0 号	−10 号	−20 号	−35 号	−50 号	试 验 方 法
色度(号)	不大于	3.5							GB/T 6540
氧化安定性,总不溶物(mg/100mL)	不大于	2.5							SH/T 0175
硫含量(%)	不大于	0.2							GB/T 380
酸度(mgKOH/100mL)	不大于	7							GB/T 258
10% 蒸余物残炭(%)	不大于	0.3							GB/T 268
灰分(%)	不大于	0.01							GB/T 508
铜片腐蚀(50℃,3h)/(级)	不大于	1							GB/T 5096
水分(%)(V/V)	不大于	痕迹							GB/T 260
机械杂质		无							GB/T 511
运动黏度(20℃)/(mm²/s)		3.0~8.0			2.5~8.0	1.8~7.0			GB/T 265
凝点(℃)	不高于	10	5	0	−10	−20	−35	−50	GB/T 510
冷滤点(℃)		12	8	4	−5	−14	−29	−44	SH/T 0248
闪点(闭口)(℃)	不低于	55				45			GB/T 261
十六烷值	不小于	45							GB/T 386
馏程： 50% 回收温度(℃) 90% 回收温度(℃) 95% 回收温度(℃)	不高于 不高于	300 355 365							GB/T 6536
密度(20℃)/(kg/m³)		实测							GB/T 1884 GB/T 1885

2. 轻柴油的正确使用

为保证柴油发动机正常工作,使用轻柴油应根据不同地区和季节选用。气温低的地区,应选用凝点较低的轻柴油,反之,气温较高的地区,应选用凝点较高的轻柴油。由于凝点低的轻柴油价格较高,在气温季节允许的情况下,应尽量延长高凝点轻柴油的使用时间。一般选用轻柴油的凝点应比最低气温低 3~5℃,以保证最低气温不致凝固而影响使用。轻柴油一般可参照表 5-4 所列情况选用。

轻柴油的适用情况 表 5-4

牌　号	适　用　情　况
10	适用于有预热设备的柴油机
5	适用于风险率为 10% 的最低气温在 8℃ 以上的地区使用
0	适用于风险率为 10% 的最低气温在 4℃ 以上的地区使用
−10	适用于风险率为 10% 的最低气温在 −5℃ 以上的地区使用
−20	适用于风险率为 10% 的最低气温在 −14℃ 以上的地区使用
−35	适用于风险率为 10% 的最低气温在 −29℃ 以上的地区使用
−50	适用于风险率为 10% 的最低气温在 −44℃ 以上的地区使用

不同牌号的轻柴油,由于它的质量指标除凝点外基本相同,所以可根据气温情况酌情适当搭配掺兑使用,以充分利用资源。应当指出,凝点不同的轻柴油掺兑不是呈加成关系,即凝点为 -10℃ 的轻柴油和凝点为 -20℃ 轻柴油各 50% 掺兑,掺兑后其凝点不是 -15℃,而是高于 -15℃,而是 -14 ~ -13℃,掺兑时要注意搅拌均匀。

在寒冷地区低凝点轻柴油缺乏时,可在高凝点轻柴油中掺入 10% ~ 40% 的灯用煤油,以降低其凝点,但不允许掺加汽油,否则,起动反而困难。

三、其他燃料简介

石油燃料是汽车的传统能源,然而全球能源危机日益严重,因此,开发汽车代用燃料势在必行,各国为解决石油危机都制订了许多措施。一方面,大力提倡节约石油资源,改进汽车技术,生产低油耗高效能的汽车;另一方面,积极开发研制新能源。现将一些较成熟、有实用价值的代用燃料介绍如下。

(一)气体燃料

1. 天然气

天然气是一种高效、清洁、价廉的民用燃料、化工原料和工业用燃料,我国的天然气资源丰富。汽车用天然气的主要成分是甲烷,其余为乙烷、丙烷、丁烷及其他物质。车用压缩天然气(compressed natural gas,CNG)就是把经过"三脱"处理(脱水、脱重烃、脱酸性气体处理)的天然气压缩到 20MPa 后存入特制的耐高压气瓶中,经过减压器减压后供发动机使用。车用液化天然气(liquefied natural gas,LNG)则是把经过三脱处理的天然气深度冷却到 -160℃ 左右,使其成为液态后装入耐压 0.05 ~ 0.5MPa 的绝热罐中,经过蒸发减压器汽化减压后供发动机使用。由于膨胀制冷和保持低温储存、运输技术难度较大,LNG 的应用远不如 CNG 多。

2. 液化石油气

液化石油气(liquefied petroleum gas,简称 LPG)是油田伴生气处理过程中和石油炼制过程中获得的副产品,能在常温下稍加压(小于 1.6MPa),即液化。车用液化石油气基本上是丙烷和丁烷的混合物,通常在夏季用丙烷分量较少,冬季加多丙烷分量,使液化气瓶内液面上保持适当的饱和蒸汽压,以保证安全和正常供给液化气。在国外液化石油气比天然气汽车多。

3. 氢气

氢气可以燃烧,而且它在地球上蕴藏量极为丰富。氢气用作汽车燃料具有热值高、热效率高、排气污染小、发动机磨损小等特点。用氢气作燃料存在的主要问题是生产成本高,而且携带和储存非常困难。

气体燃料的优点是:辛烷值比汽油高,热值略高于汽车和柴油,排放污染少,对发动机零件的腐蚀和机油的污染轻。

气体燃料的缺点是:密度小,气化点低,不便于储存和运输,使用不当会引起爆炸。

由于以上缺点使气体燃料的推广使用受到了限制,但随着科学技术的发展,气体燃料的储存、运输设备将得到改进,气体燃料作为汽车能源的前景十分广阔。

（二）其他代用燃料

1. 醇类燃料

醇类燃料主要有甲醇、乙醇及混合醇。这类燃料原料广泛，使用简便，可在基本不改变发动机结构的情况下掺烧或单烧。其特点是辛烷值高、抗爆性好、排气污染小，但它的热值较汽油、柴油低，易气化产生气阻。因此常和汽油混合使用。

2. 乳化汽油燃料

目前，乳化汽油燃料主要是掺水和掺醇乳两种。它是把汽油和水或醇混合，通过超声波等的作用，使它们混合均匀，成为颗粒细微的一种燃料。这种燃料的优点有如下方面。

（1）节油效果明显。掺水30%通常可节约燃料20%～30%，且能减轻排放物对环境的污染。

（2）可减轻发动机爆燃及减少积炭。具有上述优点是由于这种燃料的小颗粒——油包着水的颗粒，遇热后，水吸热气化，一方面使汽缸壁温度下降；另一方面，水珠变成蒸气时，将包围它的油膜炸碎，从而使油分子和空气混合充分、均匀，燃烧彻底。但要使这种燃料得以推广，还需改进乳化技术。

3. 电能

蓄电池汽车和电车是城市最理想的运输工具，它彻底解决了内燃机汽车对环境的污染问题，是现有交通运输工具中除内燃机汽车外发展数量最多的运输工具之一。电能的广泛使用是和它无污染、效率高、安全等优点分不开的，作为汽车的代用能源，电能目前所存在的问题是：蓄电池的容量太小，使用寿命短；一次充电行驶里程短，充电时间长；电车的投资成本高。因此，除城市公共交通工具外，电车的普及还有一定的困难。

其他代用燃料还有太阳能、植物油、煤浆油、合成油等，但因其性能差、成本高等原因还无法代替石油燃料。

课题二　汽车用润滑材料

在汽车的任何机构中，运动副两零件的接触表面之间都会发生摩擦。润滑材料的作用主要是减少摩擦机件的磨损，降低摩擦消耗的功率，冷却和清洁摩擦零件，保护机件不受腐蚀和密封摩擦机件的间隙。

一、发动机润滑油

现代汽车发动机转速很高，机件配合精度较高，使用条件较严格，发动机润滑油的作用在于保证摩擦机件有效而持久地工作。

（一）发动机润滑油的主要作用

1. 润滑

润滑油（俗称机油）在各种不同的发动机工作状况下，都能够在摩擦面上形成足够牢固的润滑油膜或抗磨损保护膜。这样金属间的干摩擦就变成了润滑油层间的液体摩擦，使摩擦力显著减小，也减少了机件的磨损。

2. 清洗

发动机润滑油流经摩擦表面时,携带出磨损的金属屑和其他外来的机械杂质,这些携带着金属屑和机械杂质的润滑油先送回到下曲轴箱中,再经机油泵压送出,当流经机油滤清器时,就在滤清器中滤净,使干净的润滑油又继续循环流经各个摩擦表面。

3. 密封

发动机润滑油在活塞与汽缸壁、活塞环与环槽之间形成的油膜,会产生类似油封的作用,提高了密封性,从而减少了废气窜入曲轴箱,也保证了发动机的功率输出。

4. 冷却

发动机润滑油流经摩擦表面时,还可携带走摩擦表面所产生的热量。

（二）发动机润滑油的使用性能

1. 黏度

黏度是润滑油的主要性能之一。对于同一种润滑油来说,黏度不是常数,温度降低,则黏度升高;温度升高,则黏度降低。润滑油因温度变化而黏度改变的性质称为黏温性能。黏温性能好的油料,温度升降引起的黏度变化较小。

润滑油在发动机中的作用,对于黏度的要求又各有不同。为了冷却和洗涤,要求黏度低;为了密封,则要求黏度高;在起动时,要求润滑油黏度小;在大负荷高速行驶时,要求黏度大一些。因此,在使用中必须全面考虑润滑油的黏度。下面就润滑油黏度过小或黏度过大作一些分析。

润滑油黏度对发动机工作有重要的影响。

1）黏度过小

润滑油黏度过小的影响有如下方面。

（1）密封作用差。由于润滑油黏度过小,不能在汽缸壁与活塞之间的缝隙中形成足够厚的油膜。这样没有完全燃烧的可燃混合气和废气,将渗入下曲轴箱,污染润滑油并使其变质。

（2）油膜容易破坏、油耗增大。由于润滑油黏度过小,易从摩擦表面间流失,同时悬浮在油内的炭粒、灰尘等杂质易沉积在摩擦机件的表面,致使机件遭受磨损。又由于黏度过小,润滑油在高温下的蒸发性又大,容易使汽缸壁上的润滑油窜入燃烧室而被烧掉,加大了润滑油的消耗。

2）黏度过大

润滑油黏度过大的影响有如下方面。

（1）降低发动机有效功率。高黏度的润滑油可以增加润滑油膜的厚度,可增强液体润滑的可靠性。但是黏度过大时,消耗于克服润滑油内摩擦上的功率也越大,因而发动机可利用的功率相应减小,燃料消耗会增大。

（2）冷却和洗涤作用差。黏度过大的润滑油,在单位时间内流过摩擦表面的油量减少,使摩擦机件中传导出的热量也减少,冷却作用减弱,从而易造成发动机过热。同时由于润滑油的循环速度慢,也减弱了从摩擦表面把金属屑、炭粒、尘土等清洗出去的能力。

由此可见,发动机使用的润滑油必须具有适当的黏度,并且应结合具体条件来正确地选用润滑油的品种。

2. 润滑油的氧化安定性

润滑油在使用过程中,由于旋转着的曲轴强烈地搅动下曲轴箱中的润滑油,曲轴箱里弥漫着细粒状的油雾,它们与氧的接触面积很大,所以氧化作用十分强烈。如果考虑到从燃烧室窜入的废气和可燃气体,以及能起到氧化催化作用的铜、铁等金属,发动机内的润滑油更易氧化。当润滑油与氧发生激烈的化学反应,放出热量生成不溶性的沉淀物,同时使酸值升高,造成润滑油质量下降。

影响润滑油氧化的外界因素最重要的是温度。在低温下润滑油的氧化作用极其缓慢,当温度升高时氧化作用会急剧加快,促使油质恶化。

废润滑油的氧化物有促使新鲜润滑油迅速氧化的催化作用。因此,在更换下曲轴箱中润滑油时,必须先将下曲轴箱清洗干净。

3. 润滑油的抗磨损性

发动机工作时,发动机中存在流体润滑和边界润滑两种状态。

流体润滑也称液体润滑。在流体润滑状态下,摩擦面之间存在着润滑油的厚油膜,因此,机件在运动时摩擦损失和磨损很小。

边界润滑也称边界摩擦,在边界润滑状态下,在摩擦表面上形成一层十分牢固但为肉眼看不见的润滑油膜,可防止金属表面被磨损或擦伤。油膜一旦破裂,就会产生金属表面的直接接触,磨损必然加剧。

润滑油的抗磨损性是指保持边界油层的能力强弱。抗磨损性在液体润滑时作用不明显,但在负荷大、转速低、油量供应不足的情况下,经常可能产生半液体摩擦和边界润滑,抗磨损性能的好坏就显得非常重要。要发挥边界润滑下的良好效果,添加抗磨剂是必要的条件。

4. 润滑油的腐蚀性

润滑油的成分中常常带有微量活性硫、游离硫和酸性成分。它们对发动机内部的铜、铅金属有强烈的腐蚀作用。当润滑油内有水分时,腐蚀性会急剧增加,从而促使润滑油加速变质。

由于发动机的轴承合金对腐蚀性相当敏感,机油中含有微量的酸,会严重地腐蚀轴瓦,使其表面出现斑点、麻坑甚至剥落,所以润滑油中应加入抗腐蚀添加剂。

(三)发动机润滑油的分类、牌号、规格和选用

1. 国外发动机润滑油的分类

目前,国外对润滑油(发动机润滑油也称机油)的分类大多采用黏度分类法和性能分类法两种。前者的基准是 SAE 黏度分类法;后者的基准是 API 性能分类法,这两种分类法较准确地反映出油料的性能要求。

1)黏度分类法

SAE 黏度分类法是目前使用最广泛的分类方法。SAE 是美国汽车工程师学会的缩写。它规定用在 $-18℃$ 所测定的黏度来对冬季用的发动机润滑油分类,共有 0W、5W、10W、15W、20W、25W 共 6 个级别。用 100℃ 时测定的黏度对春秋及夏季用发动机润滑油进行分类,共有 20、30、40、50 和 60 共 5 个等级。对 $-18℃$ 和 100℃ 所测的黏度值只能满足其中之一的发动机润滑油称为单级机油;能同时满足两方面的黏度要求的发动机润滑油称为多级机油。

表5-5、表5-6为SAE单级机油、多级机油的黏度分类。

SAE 单级机油黏度分类 表5-5

黏 度 号	黏 度 范 围			
	动力黏度(-18℃)/(MPa·s)		运动黏度(100℃)/(mm²/s)	
	最小	最大	最小	最大
5W	—	1250	3.8	—
10W	1250	2500	4.1	—
15W	2500	5000	—	—
20W	5000	10000	5.6	—
20	—	—	5.6	9.3
30	—	—	9.3	12.5
40	—	—	12.5	16.3
50	—	—	16.3	21.9

SAE 多级机油黏度分类及黏度指数 表5-6

黏度分级	黏 度		黏度指数最小
	0°F(-18℃)最大	210°F(99℃)最小	
5W-10	870	4.2	90
5W-20	870	6.0	120
5W-30	870	6.5	154
5W-40	870	13.0	156
5W-50	870	16.8	156
10W-20	2600	6.0	90
10W-30	2600	6.5	132
10W-40	2600	13.0	139
10W-50	2600	16.8	144
20W-30	10050	6.5	97
20W-40	10050	13.0	113
20W-50	10050	16.8	120

2）质量分类法

对发动机润滑油的质量分类,现在最常用的是 API 质量分类法,API 是美国石油协会的缩写。这种分类法也称性能分类法或使用分类法。

API 分类将汽油发动机机油分为 S 系列,也称供应站分类;将柴油发动机机油分为 C 系列,也称工商业分类。两种系列按使用条件或油品质量水平分成许多级别,这已成为国外最常用的发动机机油等级分类的依据。

在 S 系列中细分为 SA、SB、SC、SD、SE、SF、SG、SH、SG、SL、SM 等;在 C 系列中细分为 CA、CB、CC、CD、CD-Ⅱ、CE、CF-4、CG-4、GH-4 等。油的级号越靠后,性能越好,适用的机型越新或工作条件越苛刻。

2. 国内发动机润滑油的分类和规格

我国发动机润滑油按发动机的类型分为汽油机润滑油(简称汽油机油)和柴油机润滑油(简称柴油机油)两大类,每一类润滑油又按使用性能和黏度分为若干等级。

1)按使用性能分类

在我国现行的有关标准中,参照国际通用的 API 使用分类法,将发动机润滑油分为汽油机油系列(S 系列)和柴油机油系列(C 系列)两大类。目前市场上汽油机油级别最低是 F 级,最高是 N 级。

2)按黏度分类

我国采用国际通用的 SAE 黏度分类法,将润滑油分为冬季用油(W 油)和非冬季用油。冬季用油按低温黏度等划分,共有 0W、5W、10W、15W、20W 和 25W 等 6 个级别,级别越小,适应的温度越低;非冬季用油按 100℃ 的运动黏度分级,共有 20、30、40、50 和 60 共 5 个级别,级号越大,适应的温度越高。

3)规格

发动机润滑油产品代号是由品种代号(使用等级)与牌号(黏度等级)两部分构成的,每一特定品种都附有规定的牌号,产品按统一的方法命名。例如:SC30 是指使用等级为 SC 级,黏度等级为 30 的汽油机油;SE/CC30 为汽油机/柴油机通用油,它符合 SE 级汽油机油和 CC 级柴油机油的使用性能,其黏度等级为 30。

3. 发动机润滑油的选用及注意事项

选择机油应根据发动机的特点及本地区的气温情况,选择合适的质量标准和黏度等级,保证发动机正常工作和良好的润滑,延长发动机的使用寿命。

1)汽油机润滑油的选用

正常情况下,应根据汽车说明书要求选用机油。说明书上规定有在不同气温、不同使用条件下应选用什么品种和什么黏度的机油。

根据环境来选取,其原则是既要保证汽车能在最低温度下顺利起动,又要保证汽油机油能在高温运行时起正常的润滑作用和密封作用,一般选择如下:在黄河以北及其他气温较低,但不低于-10℃的地区,冬季使用 20 号单级油,夏季应换用黏度稍大的 30 或 40 号油,15W/40 多机油在上述地区则可全年通用;在长江流域的华东、华南、中南和西南冬季温度不低于 -5℃ 的温区,30 号单级油可全年通用;两广和海南炎热的夏季,应选择 40 号油;在长城以北或气温低于-10℃ 的寒区,应选用 100W/30 多级油;黑龙江、内蒙古和新疆等严寒地区,应选用 5W/20 和 5W/30 多级油;北京地区普遍使用 15W/40 多级油。

2)柴油机润滑油的选择

(1)柴油机润滑油质量等级的选择。

柴油机机油的选择主要应依据汽车使用说明书的要求确定,如没有使用说明书,可先根据柴油机的强化系数来确定油的质量等级,再根据当地气温来确定黏度等级。

根据柴油机强化系数选择润滑油的质量等级时,柴油机强化系数可由下式求得:

$$K = P_e \cdot C_m \cdot Z$$

式中:P_e——平均有效压力,0.1MPa;

C_m——平均速度,m/s;

Z——系数(四冲程柴油机取0.5,二冲程柴油机取1.0)。

根据 K 值可以将柴油机分为低强化、强化和高强化三类。表 5-7 根据 K 值选择柴油机机油质量等级的原则。

K 值与选择润滑油的关系　　　　表 5-7

K 值范围	有无增压器	质量等级	相当于国产柴油机机油
$K < 30$	无	CA	CA 产柴油机机油
$30 < K < 50$	低增压	CB、CC	CB 级、CC 级国产柴油机机油或低增压柴油机机油
$K > 50$	中增压	CD	CB 级国产柴油机机油或中增压柴油机机油

除了根据 K 值选择质量等级后,还应根据汽车的实际工作条件的苛刻程度提高用油的质量等级。凡符合下列苛刻工作条件之一的情况,应将按 K 值选择的质量等级提高一个级别(在无级别可提高时,应缩短换油时间)。

①汽车处于经常停停开开的使用状态,如出租车、公共汽车等,易产生低温油泥。

②长时期在低温、低速(气温低于0℃,速度 16km/h 以下)行驶,易产生低温沉积。

③长时间在高温、高速、满载下工作,易使机油氧化变质,生成积炭、漆膜等高温沉积物。

④长时间拖带挂车满载行驶的重型牵引车,其机油中会产生高温沉积物。

⑤长期在灰尘大的条件下工作。

(2)柴油机油黏度的选择。

柴油机机油黏度选择与汽油机机油黏度选择的原则基本一样,但柴油机工作压力比汽油机大,而转速比汽油机小,所以,选择黏度时应比汽油机稍微偏高一些。

3)发动机润滑油选用注意事项

(1)优先选用国产发动机润滑油。

(2)优先选用黏度级别较低的发动机润滑油。在保证润滑的前提下,除了负荷大、温度高、磨损较严重的发动机,允许使用黏度稍大的润滑油,但应尽量选择黏度小的润滑油。

(3)选择润滑油质量等级要适当。既要防止高档油低用,又要避免低档油高就。当前应特别防止那种为图省事滥用高档油的现象,以避免浪费。

(4)不同牌号、种类的润滑油不可混用,更不能混存。汽油机机油和柴油机机油不能互相代替或掺兑使用。

4)发动机润滑油在使用过程中应注意的问题

保持正常油位,保持曲轴箱良好的通风,定期更换机油滤清器滤芯,保持发动机的正常工作温度,定期更换润滑油。

4. 发动机曲轴箱内润滑油更换问题

按汽车说明书的要求并结合使用条件,当汽车行驶到一定的里程后就应该换润滑油,但有时换油也存在一定的盲目性,难免会出现油品品质已恶化但因行驶里程不到,而延后换油时间,或者油品品质尚好,但行驶里程已达到而导致提前换油。

下面介绍利用简单的测试方法,通过对油品某几项指标进行快速测试,以获取是否换润滑油的指导性意见。

1)外观观察

将油滴滴在白纸上观察,或将提取的油样放在透明的玻璃瓶中经一定时间沉淀后与新鲜油样作对比观察。若油色与新鲜油样相差不大,则油样未变质或变化不大;若油色很深或完全变黑则表明油变质严重,应及时更换,但加有浮游添加剂的润滑油和多级润滑油在使用中会很快变暗,有时几乎是黑色的,这是正常现象,应与润滑油变质区别开。

此外,润滑油中若含水或乙醇防冻液,油会呈雾状或混浊状。呈雾状的油含水较少;而混浊状的油,则含水量多。油样中的机械杂质会慢慢沉淀在瓶底,很容易观察。

油样若氧化严重,有强烈的"灼烧"气味或刺激气味;若遭燃料稀释,则有较强的汽油味或柴油味。

2)微量水分定性分析

用一只干净的玻璃试管加入约 2.5cm 高的试验油后充分摇动均匀,然后放在酒精灯上加热,加热中若无明显声响,也无泡沫,则可认定为不含水分;如有连续声响,且持续时间在 20~30s 以内,然后响声消失,则可判定含水量在痕迹以内(即小于 0.03%);若连续响声持续 30s 以上,则含水量大于 0.03%。

3)滤纸斑点试验

用金属管或玻璃棒滴一滴试验油于滤纸上,然后根据油滴点图像参考表 5-8 所示进行判断。

斑点试验判断参考表　　　　　　　　　　　　　　　　　　　　　表 5-8

斑点形态	判　　断	斑点形态	判　　断
中心沉积环色浅	清净分散良好,油清洁	扩散环窄,与中心界限清楚	分散性不好
中心沉积环小、色黑	清净分散性不良,油脏	油环颜色淡黄	基础油品质好
扩散环宽,与中心环界限不明显	分散性良好	油环颜色黄或红棕	基础油氧化

5. 常见车型发动机润滑油的选用

几种常见车型发动机润滑油选用举例,见表 5-9 所示。

常见车型发动机润滑油选用　　　　　　　　　　　　　　　　　　表 5-9

汽车厂牌	润滑油厂牌	黏度等级 SAE	质量等级 API
雅阁	嘉实多(磁护)	5W/40	SN
朗逸	美孚(速霸2000)	5W/40	SM
凌志	壳牌(超凡喜力)	15W/50	SJ
卡罗拉	埃尔夫(欧风400FT)	10W/40	SM
世嘉	道达尔(快驰7000)	10W/40	SN

二、齿轮油

齿轮油是一种较高的黏度润滑油,专供保护传输动力零件,通常是伴随着强烈的硫磺气味。齿轮油以石油润滑油基础油或合成润滑油为主,加入极压抗磨剂和油性剂调制而成。用于各种齿轮传动装置,以防止齿面磨损、擦伤、烧结等,延长其使用寿命,提高传递功率效率。

（一）齿轮油的工作条件和主要作用

汽车传动机构齿轮油工作条件与发动机润滑油不同，主要有两个不同点：工作温度不高；所承受的单位压力较大。

在汽车传动装置中，齿轮油主要受到摩擦的影响。当汽车开始行驶时，齿轮油的温度与外界气温很接近，在工作状况变化不大时，齿轮油的工作温度决定于传动机构摩擦消耗的功和散热的强弱。普通齿轮油的工作温度一般在10~80℃，而差速器中双曲线齿轮油的最高工作温度可达120~130℃。这是因为双曲轴线齿轮的齿面接触压力高，相对滑动速度大。

传动机构的齿轮在工作时，齿与齿之间的接触面积不大。因此，啮合部分的单位压力很高。一般汽车齿轮的单位压力可高达1960~2450MPa（20000~25000kgf/cm^2），而双曲线齿轮则更高可达2940~3920MPa（30000~40000kgf/cm^2）。

传动机构的齿轮在工作时，速度变化大，回转次数多，在这样的工作条件下，齿轮油容易从齿轮间隙中被挤压出去，因此，齿轮油的主要作用就是在齿轮的齿与齿之间接触面上形成牢固的油膜，以保证正常的润滑和减少磨损。

（二）齿轮油的使用性能

1. 适宜的黏度

齿轮油的黏度应该使传动机构工作时，用于消耗齿轮内摩擦的能量很少，同时又能保证齿轮及轴承摩擦不产生噪声和擦伤，并且在油封和机构连接表面上不漏油。

在一般情况下，为了防止齿轮和轴承损伤，减少噪声和漏油等故障，应使用黏度较高的齿轮油，而在动力传递效率、供油性、冷却效果等方面应使用黏度较低的齿轮油。因此，在使用过程中，应根据润滑部位和润滑条件的要求，选择适宜黏度的齿轮油。

2. 承载能力

齿轮油的承载能力是它最重要的性能。在摩擦条件比较缓和，存在流体润滑情况下，由摩擦面上形成的油膜支承负荷。因此，齿轮油的黏度越大，其承载能力也越强。但是，在汽车传动机械的齿轮润滑中，同时存在流体润滑、不完全润滑和边界润滑。为了防止传动系统中齿轮和轴承等产生剧烈磨损、擦伤、咬黏等损伤，需要添加极压剂来提高齿轮油的承载能力。

3. 热氧化安定性

齿轮油在使用中会因受热或氧化而变质，生成油泥和酸性物质使黏度增加，油泥阻碍了向轴承供油，当硬质油泥嵌入轴承和齿面之间会引起表面损伤。另一方面酸性物质是造成腐蚀的主要原因，同时也会使齿轮油黏度增大，冷却效果降低，搅油阻力增加。所以齿轮油应具有良好的热氧化安定性。

4. 抗腐蚀性和防锈性

汽车传动机构有可能从外界渗入水分，而且齿轮油氧化变质后会生成酸性物质，这两个因素是形成锈蚀和腐蚀的主要原因。

由于锈蚀和腐蚀会促进磨损，降低材料的强度从而缩短使用期限，所以齿轮油必须要有良好的抗腐蚀性和防锈性。为此，在齿轮油中要添加抗腐蚀剂和防锈剂。

5. 抗泡沫性

传动机构的齿轮在润滑过程中，由于激烈的搅拌会生成泡沫，若齿轮油的泡沫不能很快消除,则泡沫会从壳体的通气孔溢出,使油量减少,从而会造成冷却不良,甚至导致齿轮、轴承等损伤。因此,为了使齿轮油的泡沫生成少,消散快,通常要在齿轮油中添加防泡剂。

(三)齿轮油的分类和规格

1. 齿轮油的分类

1)按照黏度分类

我国齿轮油的黏度采用美国 SAE 齿轮油黏度分类法,将齿轮油分为 70W、75W、80W、90/140 和 250 七个黏度牌号,其中 W 表示为冬季用油。另外,还规定了三个多机油的牌号:80W/90、85W/90、85W/140。

2)按照使用性能分类

目前国际上广泛采用的 API 使用分类法按齿轮承载能力和使用条件不同,分为 GL-1、GL-2、GL-3、GL-4、GL-5 和 GL-6 六个级别。

3)我国齿轮油的分类

我国参照采用 API 使用分类,将齿轮油分为普通齿轮油(CLC)、中负荷齿轮油(CLD)和重负荷齿轮油(CLE)三个品种,分别与 API 使用分类中的 GL-3、GL-4 和 GL-5 相对应。各种齿轮油的特点和常用部位见表 5-10。

我国车辆齿轮油分类与对应 API 使用性能分类　　　　表 5-10

我国油品	API 品种	组成、特性和使用说明	使用部位
普通齿轮油	GL-3	精制矿油加抗氧剂、防锈剂、抗泡剂和少量极压剂等制成,适用于中等速度和负荷比较苛刻的机械变速器和螺旋锥齿轮的驱动桥	机械变速器、螺旋锥齿轮的驱动桥
中负荷齿轮油	GL-4	精制矿油加抗氧剂、防锈剂、抗泡剂和极压剂等制成,适用于在低速高转矩、高速低转矩下操作的各种齿轮,特别是客车和其他各种车辆用的准双曲面齿轮	机械变速器、螺旋锥齿轮和使用条件不太苛刻的准双曲面齿轮的驱动桥
重负荷齿轮油	GL-5	精制矿油加抗氧剂、防锈剂、抗泡剂和极压剂等制成,适用于比 CLD 更恶劣的工作环境的各种齿轮,特别是轿车和其他各种车辆的准双曲面齿轮	使用条件苛刻的准双曲面齿轮及其他各种齿轮的驱动桥,也可用于机械变速器

2. 齿轮油的规格

目前常用的齿轮油有普通齿轮油、中负荷齿轮油和重负荷齿轮油三种。

1)普通齿轮油

普通齿轮油分为 80W/90、85W/90 和 90 三个黏度牌号。长江以南地区 90 号规格的油可全年使用。

2)中负荷齿轮油

中负荷齿轮油分为 75W、80W/90、85W/90、90、85W/40 五个黏度牌号。其中 90 号规格油在长江以南地区可全年使用。

3)重负荷齿轮油

重负荷齿轮油分为 75W、80W/90、85W/90、90、85W/40 五个黏度牌号。

(四)齿轮油的选用

齿轮油的选用主要是根据使用地区、季节的气温和运行条件来决定。气温低就选用凝点较低、黏度较小的牌号;反之,则用凝点较高、黏度较大的牌号。同时根据齿轮类型的不同以及车辆负载大小的不同,可分别选用普通齿轮油(GL-3)、中负荷齿轮油(GL-4)和重负荷齿轮油(GL-5)。

(五)齿轮油使用注意事项

(1)不同等级的车辆齿轮油不能混用,且不能将级别较低的齿轮油用在要求较高的车辆上。

(2)不要误认为高黏度齿轮油的润滑性能好。使用黏度牌号太高的齿轮油,将使燃料消耗显著增加,特别是高速轿车影响更大,应尽可能使用合适的多级齿轮油。

(3)换油时应趁热放出旧油,并清洗齿轮箱。齿轮油面一般要加到与齿轮箱加油口下缘平齐,应经常检查齿轮箱是否渗漏,并保持各油封、衬垫完好。

(4)齿轮油的使用寿命较长,如果使用单级油,在换季维护时换用不同的黏度牌号,放出的旧油若不到换油指标,可在再次换油时使用。

(5)应按规定的换油指标换用新油。无油质分析手段时,可按周期换油。在我国,车辆齿轮油的换油周期通常为40000~50000km。

三、润滑脂

润滑脂是半固体膏状的润滑剂。润滑脂对金属表面具有良好的黏附性,不易飞散、滑落,并且有抵抗在惯性作用下被运动体甩出去的能力。由于润滑脂不具有流动性,故可以使密封机构简化。但在使用中一旦混入固体杂质,清除就很困难。

润滑脂的由基础油、稠化剂和添加剂3部分组成。一般基础油含量占75%~90%,稠化剂含量占10%~20%,其余为添加剂。

(1)基础油。它是润滑脂中起润滑作用的主要成分,它对润滑脂的性能有较大影响。常用的有精制矿物润滑油、合成油等。

(2)稠化剂。它是润滑脂的重要成分,它的性质和含量决定了润滑脂的黏稠长度以及抗水性和耐热性。稠化剂分为皂基稠化剂和非皂基稠化剂。汽车用润滑脂大多采用皂基稠化剂,它由动植物油或脂肪酸与氢氧化物反应制成,常用的有钙皂、钠皂、锂皂等。

(3)添加剂。常用的添加剂有两类:一类是润滑脂所特有的胶溶剂,它能使油皂稳定地结合,如甘油和水等;另一类添加剂与润滑油的添加剂相同,如抗氧化剂、防锈剂和抗水剂等。

(一)润滑脂的主要质量指标

1.滴点

润滑脂具有很强的附着能力,即使温度升高也不易流失,所以润滑脂的耐热性在使用上具有重要意义。

滴点是指润滑脂呈现液态滴下时的温度。当润滑脂工作温度达到滴点附近时,此状态的润滑脂已不耐用,所以说高滴点是润滑脂耐热性的必要条件。

根据滴点的高低,可以判断润滑脂的使用温度。滴点越高,耐热性越好。润滑脂的使用温度一般要比滴点低 20~30℃,甚至 40~60℃才合适。

2. 稠度

稠度是指润滑脂在规定的剪切力或剪切速度下变形的程度,表示润滑脂的稀稠程度。液体稠度一般采用稠度杯法测定,即在 25℃下,在 30~100s 内,液体从稠度杯出口流出 50mL 体积的时间即为该液体的稠度。某些部位之所以必须采用润滑脂,就是因为它具有一定的稠度,能附着在摩擦面上,起长久润滑的作用。衡量润滑脂稠度及软硬程度的指标是锥入度。

锥入度是指在规定时间、温度条件下,规定质量的标准锥体刺入润滑脂试样的深度,以 1/10mm 表示。锥入度值越大,表示润滑脂越软,反之就越硬。润滑脂稠度等级及锥入度范围见表 5-11。

润滑脂稠度等级及锥入度范围　　　　表 5-11

稠度等级	锥入度范围 (工作 60 次)/(1/10mm)	状态	稠度等级	锥入度范围 (工作 60 次)/(1/10mm)	状态
00	445~475	液态	3	220~250	中
00	400~430	接近液态	4	175~205	硬
0	355~385	极软	5	130~160	非常硬
1	310~340	非常软	6	85~115	极硬
2	265~295	软			

3. 抗磨性

润滑脂的抗磨性是指润滑脂在运动部件间形成和保持油膜,防止金属之间相互接触的能力。润滑脂的稠化剂本身就是油性剂,因此,润滑脂的抗磨性能一般要比基础油好。为了使润滑脂具有更好的润滑性能,可在润滑脂中加入二硫化钼等减摩剂和极压剂。在苛刻的高负荷条件下使用的润滑脂,由于加有这些添加剂,其抗磨性能要比普通润滑脂好,这种润滑脂称为极压型润滑脂。

4. 抗水性

抗水性决定润滑脂是否适用于潮湿或者有水的场合。抗水性差的润滑脂,遇水后稠度下降,甚至乳化而流失。如汽车在雨天或涉水行驶时,底盘各摩擦点可能与水接触,这就要求使用抗水性良好的润滑脂。

5. 胶体安定性

胶体安定性是指润滑脂在储存和使用中避免胶体分解,防止液体润滑油被析出的能力。胶体安定性差的润滑脂不宜长期储存。润滑油油皂分离,说明其胶体安定性不好,将会直接导致润滑脂的稠度改变和流失。

6. 氧化安定性

润滑脂中基础油和稠化剂与空气接触,在不同程度上被氧化,使其酸值增加,易腐蚀金属,稠度变软,使用寿命缩短。作为稠化剂的金属皂有促进氧化作用,所以润滑脂的氧化安定性要比基础油差,因此在润滑脂中普遍加油抗氧化剂。

7. 机械安定性

机械安定性表示润滑脂在机械工作条件下抵抗稠度变化的能力。润滑在使用过程中因受到机械运转的剪切作用,稠化剂的纤维结构不同程度地被破坏,使稠度有所下降。机械安定性差的润滑脂,使用中容易变稀甚至流失,润滑脂的寿命也短。

8. 防腐性

润滑脂能吸附在金属表面,隔绝外界各种腐蚀介质与金属的直接接触,以防止对金属的腐蚀。润滑脂本身如果含有过量游离酸、碱或活性硫化物,或者在储存、使用过程中因氧化产生有机酸,都可能腐蚀金属。因此,润滑脂的性能指标要求不能含有过量的游离酸、碱等,并且不能含有游离水。

(二)润滑脂的种类和牌号

汽车用润滑脂的常用种类有钙基润滑脂、钠基润滑脂、钙钠基润滑脂、汽车通用锂基润滑脂、极压复合锂基润滑脂、石墨钙基润滑脂等。

1. 钙基润滑脂

钙基润滑脂是由动植物油(合成钙基润滑脂用合成脂肪酸)与石灰制成的钙皂稠化中等黏度的矿物润滑油,并以水作为胶溶剂而制成。按其工作锥入度分为1、2、3、4四个牌号,号数越大,脂越硬,滴点也越高。钙基润滑脂在国际上属趋于淘汰产品,但在我国用量还很大。钙基润滑脂主要用于汽车、拖拉机、水泵、中小型电动机等各种工农业机械的滚动轴承和易与水或潮气接触部位的润滑。

2. 钠基润滑脂

钠基润滑脂是以动植物脂肪酸钠皂稠化物润滑油制成的耐高温但不耐水的普通润滑脂,按其工作锥入度分为2、3两个牌号。由于钠皂熔点很高,滴点达160℃。其耐热性好,可在120℃下较长时间地工作,并有较好的承压抗磨性能,可适应较大的负荷;但其遇水易乳化变质,即抗水性差,不能用在潮湿环境或者水接触的部件。

3. 钙钠基润滑脂

钙钠基润滑脂是由动植物油钙钠基混合皂稠化中等黏度的矿物油制成。按其工作锥入度分为1、2两个牌号。钙钠基润滑脂兼有钙基润滑脂的抗水性和钠基润滑脂的耐热性,具有良好的输送性与机械安定性。滴点在120℃左右,所以使用温度不高于90℃。钙钠基润滑脂适用于各种类型的电动机、发电机、鼓风机、汽车、拖拉机和其他机械设备滚动轴承的润滑。

4. 汽车通用锂基润滑脂

汽车通用锂基润滑脂是用天然脂肪酸锂皂稠化低凝点润滑油,并加抗氧、防锈剂制成。按稠度等级分为1、2、3三个牌号。其具有良好的抗水性、机械安定性、防腐蚀性和氧化安定性,适用于工作温度 -30 ~ 120℃下汽车轮毂轴承、底盘、水泵和发电机等各摩擦部位润滑,为普遍推荐使用的汽车通用润滑脂。

5. 极压复合锂基润滑脂

极压复合锂基润滑脂采用复合金属皂稠化精制矿物油,加有高效极压抗磨剂、防锈剂、抗氧剂等制成的耐高温长寿命润滑脂。极压复合锂基润滑脂属于高品质、高性能、耐高温极压润滑脂,具有优良的高温性、高极压性、抗水性、机械安定性以及更长的使用寿命。适用温度范围为 -30～160℃,可用于汽车万向节、高级轿车、大客车及载重货车轮毂轴承、联轴器、汽车底盘、水泵电动机等摩擦部位的润滑。

6. 石墨钙基润滑脂

石墨钙基脂是由动植物油钙皂稠化中等黏度的矿物油,并加入10%鳞片状石墨制成。石墨是一种良好的润滑剂和填充剂,抗水性好,对金属表面的黏附性也较好,因而石墨钙基脂适用于工作温度在60℃以下的压延机人字齿轮、汽车钢板弹簧、吊车、起重机齿轮转盘、矿山机械、绞车齿轮、钢丝绳索、升降机的滑板及其他粗糙、重负荷的摩擦部位。

(三)使用时注意事项

(1)更换润滑脂时,要将轴承洗净擦干;装脂时不要过满。
(2)严禁加热熔化注入,以免变质。
(3)润滑脂不能和润滑油混用。
(4)不能用报纸、牛皮纸和木桶盛放润滑脂,以免基础油渗出,使润滑脂失效。
(5)使用完毕后,应放在阴凉干燥的地方,不露天存放,防止日晒雨淋和灰砂侵入。

课题三 汽车制动液、液压油、防冻液与制冷剂

一、汽车制动液

汽车制动液是用于汽车液压制动系统中传递压力,以制止车轮转动的液体。使用时要求其安全可靠,性能良好。

(一)汽车制动液的性能要求

(1)应有较高的沸点。现代汽车在行驶中的制动比较频繁,制动鼓(盘)的温度不断升高,如使用沸点较低的制动液,常会在管路中产生气阻而导致制动失灵,因此,制动液的蒸发性要低,不易在高温下汽化。
(2)适宜的高温黏度和良好的低温流动性。制动液在各种条件下都能及时传递压力,并同时使传动机构中的运动件得到一定的润滑。
(3)具有抗氧化、抗腐蚀和防锈的性能。制动液长期与金属相接触应不会因氧化而产生胶状物和腐蚀性物质,或因锈蚀而变色,甚至形成坑点。
(4)吸湿性低、溶水性好、沸点下降少。即使有水分进入制动液,要求能形成微粒而和制动液均匀混合,不产生分离和沉淀现象。
(5)对橡胶的适应性好。制动液对橡胶件不应有溶胀作用,否则,会使其失去应有的密封作用,因此,制动液对橡胶件要有良好的适应性。

(二)汽车制动液的分类及规格

1. 分类

目前,我国汽车用制动液,按原料工艺不同主要分为以下几种类型。
(1)醇型。醇型制动液是由大约50%的低碳脂肪醇(乙醇、丙醇或丁醇)与50%的精制

蓖麻油混合组成,它的使用温度为 -20~25℃。

(2)醇醚型制动液。醇醚型制动液是现在国内外广泛使用的汽车制动液,由基础液、润滑剂和添加剂3种成分构成。

(3)酯型制动液。酯型制动液是为克服醇醚型制动液吸水后使用性能降低而发展的。

(4)矿油型制动液。它是以精制的柴油馏分为原料,经深度精制后加入黏度指数改进剂、抗氧剂、防锈剂及染色等调和制成的。

(5)硅油型制动液。它是很好的汽车制动液,但价格较贵。

目前,醇型制动液已被我国禁止使用,合成型(醇醚型、脂型、硅油型)制动液是目前世界广泛使用的汽车制动液。

2. 规格和牌号

目前,国际上普遍采用 ISO 4925:1978《道路车辆 非石油基制动液》标准。该标准按平衡回流沸点将制动液分为 DOT3、DOT4、DOT5 等牌号,其质量依次升高。使用较多的是 DOT3、DOT4 两个牌号的产品,其平衡回流沸点分别不低于 205℃和230℃,湿平衡回流沸点分别不低于 140℃和155℃。我国 2012 年 10 月实施的国家强制产品标准 GB/T 12981—2012《机动车辆制动液》是参照 ISO 4925:1978 制定的,其质量水平完全与国际通用标准接轨。该标准将制动液分为 HZY3、HZY4、HZY5 三种牌号,分别对应国际上的 DOT3、DOT4、DOT5,如表 5-12 所示。

汽车制动液使用技术　　表 5-12

项　目			HZY3	HZY4	HZY5	检测方法
外观			清亮透明、无悬浮物、尘埃和沉淀物质			目测
高温抗气阻性	平衡回流沸点(℃)	不低于	205	230	260	SH/T 0430
	湿沸点(℃)	不低于	140	155	180	
运动黏度 (mm²/s)	-40℃	不大于	1500	1800	900	GB/T 265
	100℃	不小于	1.5			
金属腐蚀性 (100℃±2℃, 120h±2h)	金属腐蚀试验质量变化(mg/cm²)	镀锡钢片	±0.2			
		钢				
		铝	±0.1			
		铸铁	±0.2			
		黄铜	±0.4			
		铜				
		锌				
	金属试片外观		无肉眼可见坑蚀和表面粗糙不平,允许脱色或出现色斑			
	SBR 标准皮碗试验	皮碗外观	无法黏、无鼓泡,不析出炭黑			
		根径变化率/%	0.15~1.40			
	试后 pH 值		7.0~11.5			GB/T 7304b、c
	沉淀(%)(体积)	不大于	0.1			
	pH 值		7.0~11.5			

3. 制动液的选用

（1）优先选用进口名牌制动液。市场上销售的制动液多为进口品牌，而且质量可靠，使用也方便。可以根据汽车使用说明书的规定选用制动液。普通汽车可使用 DOT3 型号的制动液，比较高级的车辆可选用 DOT4 型号的制动液。

（2）合理选用国产制动液。使用国产制动液时，合成制动液适用于高速重负荷和制动频繁的轿车和货车；矿油型制动液可在各种汽车上使用，但制动系需换耐油橡胶件。具体选择什么样的国产制动液，可参看汽车使用说明书的要求。

4. 汽车制动液使用的注意事项

（1）不同种类的制动液不能混用，以防制动液分层、失效。

（2）严防水分或其他矿物油混入，以免降低沸点，造成气阻。

（3）换油前必须将制动系统洗净。

（4）矿物油型制动液对橡胶零件有腐蚀作用，使用这类油时，制动系内必须换用耐矿物油的橡胶制品。

（5）注意制动液的温度。在山区下坡连续使用液压制动，或在高温地区长期频繁制动时，制动摩擦片温度可达 350~400℃，使制动液温度随之升高至 150~170℃，已超过一般合成制动液的潮湿沸点。因此，要注意检查制动液温度，以防因气阻发生交通事故。

（6）注意防火，不可露天存放，以免制动液早期变质、失效。

（7）灌装制动液的工具、容器必须专用，不得与其他油品混用。

（8）制动液的更换没有具体规定，应在更换皮碗、活塞的同时，更换制动液。制造厂家提供的换油期一般为 2 万~4 万 km 或 1~2 年。

二、液力传动油

液力传动油也称自动变速器油（ATF），是汽车液力自动传动系统的专用油料。

1. 液力传动油的质量要求

液力传动油的使用温度为 -40~170℃，温度变化范围非常广。液力传动油的主要作用有传递动力、控制液压传动、润滑各种齿轮和轴承等三个方面的功能。作为传递动力介质，黏度越低，则传递动力的效率越高，而另外两个作用则要求具有一定的黏度。为兼顾前述两个方面的黏度要求，液力传动油必须具有适当的黏度特性。国产液力传动油 100℃ 时的运动黏度一般在 $7 \times 10^{-6} m^2/s$ 左右。

液力传动油的氧化条件不比发动机润滑油苛刻，也不像发动机润滑油那样容易由外部混入杂质。但是自动变速器内的液压控制机构对油内杂质十分敏感，即使有少量的油泥也会显著影响其功能，所以液力传动油的抗氧化性规定得很严格。

自动变速器中使用多种橡胶密封材料，液力传动油不应使这些橡胶材料产生有显著的收缩和膨胀。不然的话这些橡胶密封材料一旦出现缺陷和漏油，将导致重大事故。

液力传动油除具备上述性质外，还要求有良好的抗磨性、适当的摩擦特性及抗泡沫性。

2. 液力传动油的规格

国外液力传动油的分类按照 ASTM（美国材料试验学会）和 API（美国石油学会）的分类

方案,将液力传动油分为 PTF-1、PTF-2、PTF-3 三类。

目前,我国尚未制定液力传动油详细分类的国家标准。现行标准是中石油的企业标准(Q/SY RH2042-2001),按 100℃ 运动黏度分为 6 号、8 号和 8D 号三种液力传动油。6号液力传动油适用于内燃机车、载货汽车的液力变矩器,它接近于 PTF-2 级油,其凝点为 -20℃;8 号液力传动油适用于各种具有自动变速器的汽车,它接近于 PTF-1 级油,其凝点为 -25℃;8D 号液力传动油的各项技术指标除凝点为 -50℃ 外,其他均与 8 号油相同,专用于严寒地区。

三、防冻液

防冻液又称不冻液,是用于汽车散热器内的一种防冰冻用液体。

(一)防冻液的性能要求

内燃机在一般情况下都使用水作冷却液,但在冬季和寒区停放时必须放水,这是因为水结冰只要体积膨胀 9% 就可以使缸套有破损的危险。

为了提高冷却液(水)的使用效能,减轻驾驶人的劳动强度,在最低温度下仍能保持良好的流动性,就必须加入防冻液。这种防冻液要有很好地降低水的冰点、蒸发损失小和良好散热的能力,以及不形成水垢、不腐蚀冷却系统和不损坏橡胶制品的性能要求。

使用时,防冻液的冰点要比使用地区的最低气温低 5℃。

(二)常用防冻液种类

1. 酒精-水型防冻液

纯酒精的沸点为 78.3℃,冰点为 -114℃。酒精与水可按各种比例混合组成不同冰点的防冻液。酒精含量越高,冰点越低,闪点亦越低。此种防冻液在使用过程中酒精蒸发快、损失大,蒸发后冰点升高。当酒精浓度低于要求时,应及时添加酒精。但酒精含量不宜超过 40%。含量过多,酒精蒸发太快易引起火灾,要务必注意。酒精-水型防冻液不宜用于柴油机冷却系中,因为柴油机工作温度较高,酒精很容易蒸发散失。

2. 甘油-水型防冻液

纯甘油的沸点为 290℃,冰点为 -17℃,与水混合后其冰点可显著降低,最低可达 -46.5℃。甘油的沸点高,使用挥发损失较小,但甘油-水型防冻液配成相同冰点所需的甘油用量较酒精和乙二醇多,经济性较差。

3. 乙二醇-水型防冻液

乙二醇沸点为 197.4℃,冰点为 -11.5℃,可以与水按任意比例混合,其冰点可显著下降,最低可达 -68℃。由于乙二醇本身沸点较高,所以最适合作为防冻剂的材料。乙二醇-水型防冻液具有热容量大、冷却效率高、黏度较小的特性。使用中乙二醇的挥发很少,一般只需要补充蒸发掉的水分即可。

乙二醇-水型防冻液有毒,使用中严禁用嘴吮吸。为确保防冻液对金属具有有效的防腐蚀性能,故需加入防腐蚀剂。

酒精-水型、甘油-水型、乙二醇-水型防冻液的冰点与成分比重的关系,见表 5-13。

三种防冻液的冰点与成分比重间的关系　　　　　　　表 5-13

冰点(℃)	酒精-水型(酒精质量)(%)	甘油-水型(甘油质量)(%)	乙二醇-水型(乙二醇质量)(%)
-5	11.27	21	
-10	19.54	32	28.4
-15	25.46	43	32.5
-20	30.65	51	38.5
-25	35.09	58	45.3
-30	40.56	64	47.8
-35	48.15	69	50.9
-40	55.11	73	54.7
-45	62.39	76	57
-50	70.06		59.9

四、制冷剂

(一)制冷剂的作用和种类

制冷剂是制冷机中完成热力循环的工作介质。它在低温下吸取被冷却物体的热量,然后在较高温度下转移给冷却液或空气。在蒸气压缩式制冷机中,使用在常温或较低温度下能液化的介质为制冷剂,如氟利昂(饱和碳氢化合物的氟、氯、溴衍生物)、共沸混合工质(由两种氟利昂按一定比例混合而成的共沸溶液)、碳氢化合物(丙烷、乙烯等)、氨等;在气体压缩式制冷机中,使用气体制冷剂,如空气、氢气、氦气等,这些气体在制冷循环中始终为气态;在吸收式制冷机中,使用由吸收剂和制冷剂组成的二元溶液作为工质,如氨和水、溴化锂和水等;蒸气喷射式制冷机用水作为制冷剂。制冷剂的主要技术指标有饱和蒸气压强、比热、黏度、导热系数、表面张力等。1960 年以后,人们对非共沸混合工质的应用进行了大量的试验研究,并已将其用于天然气的液化和分离等方面。应用非共沸混合工质单级压缩可得到很低的蒸发温度,且可增加制冷量,减少功耗。

氟利昂(freon)是几种氟氯代甲烷和氟氯代乙烷的总称,包括 CCl_3F(F-11)、CCl_2F_2(F-12)、$CClF_3$(F-13)、$CHCl_2F$(F-21)、$CHClF_2$(F-22)、$FCl_2C-CClF_2$(F-113)、$F_2ClC-CClF_2$(F-114)。氟利昂在常温下是无色气体或易挥发液体,略有香味,低毒,化学性质稳定。其中最重要的是二氯二氟甲烷 CCl_2F_2(F-12)。

(二)汽车空调常用制冷剂

1. 氟利昂 12(R12)

汽车空调是通过制冷剂循环实现制冷的,所以制冷剂的性能直接影响制冷循环的技术经济指标。

比较而言,在车用空调中广泛使用的制冷剂 R12 是一种较为理想的制冷剂。下面就 R12 的主要特性及使用进行具体分析。

(1)R12 制冷剂无色、无刺激性臭味;一般情况下不具有毒性,对人体没有直接危害;不燃烧、无爆炸危险、热稳定性好。

（2）R12制冷剂（二氯二氟甲烷）在常温常压下为无色气体；熔点为-158℃，沸点为-29.8℃，密度为1.486g/cm³（-30℃）；稍溶于水，易溶于乙醇、乙醚，与酸、碱不反应。R12制冷剂可由四氯化碳与无水氟化氢在催化剂作用下反应制得，反应产物主要是CCl_2F_2、CCl_3F和$CClF_3$。通过分馏可将CCl_2F_2分离出来。

（3）R12制冷剂一般呈中性（无水时），对金属无腐蚀作用，但对镁含量超过2%以上的铝合金除外。

（4）R12制冷剂有良好的绝缘性能，对制冷系统中的电器无影响。

（5）R12制冷剂基本不溶于水。在制冷系统中，R12的含水量不超过0.0025%。当有过量的水分随制冷剂运行时空调系统会失效。

（6）R12制冷剂会导致橡胶变软、膨胀、起泡，因此，在制冷系统中不能采用天然橡胶制品，而只能使用氯丁乙烯或尼龙制品作密封件。

综上所述，R12制冷剂是一种易于制造、原料丰富、价格低廉且可以回收重复使用的制冷剂。但是R12制冷剂对大气同温层的臭氧层有一定的破坏作用，因此，我国已禁止使用氟利昂。

2. R134a 制冷剂

长期以来，汽车空调大多数采用R12作为制冷剂。众所周知，R12因泄漏而进入大气而破坏地球的臭氧保护层，危害人类的健康和生存环境，引起地球的温室效应。据资料统计表明，现在大气层中物质（Cl、F、C三种元素）的75%来自空调系统泄漏的R12。1987年国际上制定了控制破坏大气层的蒙特利尔协议。我国于1991年加入该协议，并决定从1996年起，汽车空调的制冷剂开始使用R134a，到2000年全部使用R134a。

R134a制冷剂的分子式是CH_2FCF_3，是卤代烃类制冷剂中的一种，其具有以下特性。

（1）R134a制冷剂具有无毒、无臭味、不燃烧、与空气混合不爆炸等优点。

（2）R134a制冷剂热力学性能均与R12相当，并具有良好的不可燃性。

（3）R134a制冷剂的传热性能优于R12，在制冷剂相等时，可以减少换热器的面积。

（4）由于R134a制冷剂能溶解NBR（硝丁烯橡胶），导致其膨胀而引起制冷剂泄漏，因此在R134a空调系统中，必须使用RBR橡胶密封件。

现代汽车均采用R134a空调系统，它与以前的R12空调系统相比具有更好的环保性和制冷性能。但是两种制冷剂不能相互混用。如果用R134a代替R12制冷剂必须对原空调系统的密封件、压缩机油等元件作相应的更换才行。

课题四　汽车用非金属材料

非金属材料的原料来源广泛，成型工艺简单，并具有一些金属材料所不及的特殊性能。它的应用也日益广泛，并已成为汽车不可或缺的材料。非金属材料包括高分子材料、陶瓷材料和复合材料等。高分子材料包括塑料、橡胶、合成纤维、胶黏剂和涂料。陶瓷材料包括陶瓷和玻璃。复合材料是由两种或两种以上不同类型的材料组合而成的新材料。

一、塑料

塑料在汽车上的应用范围日益扩大，每辆汽车上约用了数百个塑料零件，其中有分电器、带齿轮、衬套等。由于塑料大量应用而减轻了汽车的自重,同时也减少对有色金属和一些贵金属的用量,降低了成本。

(一) 塑料的组成

塑料是一种高分子物质合成材料。它以树脂为基础,并加入添加剂(如增塑剂、稳定剂、填充剂、固化剂、染料等)制成。

1. 树脂

树脂是塑料的主要成分,用以黏接塑料中的其他成分,并使其具有成形性能。树脂的种类、性质及加入量对塑料的性能有很大的影响,因此,很多塑料就是以所用树脂的名称来命名的,如聚氯乙烯塑料就是以聚氯乙烯为主要成分。目前采用的树脂主要是合成树脂。

酚醛树脂是最早投入工业生产的合成树脂,它是由苯酚和甲醛缩聚而成的。除酚醛树脂外,氨基树脂、环氧树脂、有机硅树脂都是经缩聚反应而得到的树脂,这类树脂又称缩聚树脂。

聚乙烯、聚氯乙烯、聚苯乙烯等为通过加聚反应而得到的树脂,故也称加聚树脂。

2. 添加剂

根据塑料的使用要求,往往在塑料中掺入一些物质,以改善塑料的性能,这些物质就称为添加剂。例如,加入增塑剂可以提高塑料的可塑性和柔软性,改善塑料的成形能力;加入云母、石棉粉可以改善塑料的电绝缘性;加入 Al_2O_3、TiO_2、SiO_2 可以提高塑料的硬度和耐磨性;加入铝可以提高塑料对光的反射能力和防止老化;加入稳定剂可以提高塑料在光和热的作用下的稳定性。

(二) 塑料的分类

1. 按塑料的热性能分类

按塑料的热性能的不同可分为热塑性塑料和热固性塑料。

1) 热塑性塑料

这类塑料加热时软化,可塑造成形。冷却后变硬,再次加热又软化,冷却又变硬,可多次变化。这种变化是一种物理变化(塑化),化学结构基本不变。常用的热塑性塑料有聚乙烯、聚氯乙烯、聚丙烯、ABS、聚甲醛、聚碳酸酯、聚苯乙烯、聚四氟乙烯、聚砜等。这种塑料具有加工成形简单、力学性能较好的优点,缺点是耐热性和刚性较差。

2) 热固性塑料

这类塑料加热时软化,可塑造成形,但固化后的塑料既不溶于溶剂,受热也不再软化,只能塑制一次。常用的热固性塑料有酚醛塑料、氨基塑料、环氧塑料等。这类塑料具有耐热性能好、受压不易变形等优点,缺点是力学性能差。

2. 按塑料的使用范围分类

按塑料使用范围的不同可为通用塑料、工程塑料和耐热塑料。

1) 通用塑料

通用塑料是指产量大、用途广、价格低而受力不大的塑料产品。主要有聚乙烯、聚氯乙烯、聚苯乙烯、聚丙烯、酚醛塑料和氨基塑料等。它们是一般工农业生产和日常生活不可缺少的塑料。

2）工程塑料

工程塑料是指力学性能较好、耐热、耐寒、耐蚀和电绝缘性良好的塑料，它们可取代金属材料制造机械零件和工程结构。这类塑料主要有聚碳酸酯、聚酰胺（即尼龙）、聚甲醛、聚砜和 ABS 等。

3）耐热塑料

耐热塑料是指在较高温度下工作的各种塑料，如聚四氟乙烯、环氧塑料和有机硅塑料等均能在 100～2000℃ 的温度下工作。

（三）塑料的特点

（1）质量轻、强度低、刚度低。塑料的密度一般为 0.9～2.0g/cm³，仅为钢的 1/4～1/7，强度一般为 σ_b = 30～150MPa，刚度仅为金属的 1/10，所以塑料只能制作承载不大的零件。但由于密度小，所以塑料的比强度、比模量还是很高的。

（2）热导率较小。一般为金属的 1/600～1/500，所以具有良好的绝热性，但易摩擦发热。

（3）热膨胀系数大。其是钢的 3～10 倍，所以塑料零件的尺寸精度不够稳定。

（4）耐热性差，易老化。大多数只能在小于 100℃ 时使用，只有高温塑料可在 200℃ 左右时使用。

（5）绝缘性好，因此，塑料广泛用于电器、电力工程中。

（6）耐蚀性好。化学稳定性很高，耐酸、碱、油、水及大气等物质的侵蚀，特别适合于制作化工机械零件及在腐蚀介质中工作的零件。

（7）减摩性能、耐磨性能差异大。大部分塑料的减摩性、耐磨性较金属差，但也有些塑料如聚氟乙烯、尼龙等塑料，摩擦系数很小，约为 0.04，而且具有良好的自润性，所以是极好的轴承材料和耐磨材料。因而大量用来制造密封件、齿轮、轴承等零件。

此外，塑料还具有吸振性能高、易于加工形成等优点。

（四）塑料的种类及应用

近几年来塑料的生产和应用有很大发展，越来越多地应用于各类工程。表 5-14 是汽车常用塑料的名称、符号及用途。

汽车常用塑料的名称、符合及用途　　　　　表 5-14

名　称	符　号	用　途　举　例
聚乙烯	PE	车厢内饰件、油箱、挡泥板、转向盘、发动机舱盖、空气导管
聚氯乙烯	PVC	转向盘、坐垫套、车门内板、仪表板、操纵杆盖板等，占车用塑料的20%～30%
聚丙烯	PP	接线板、转向盘、保险杠、风扇罩、散热器栅格、灯罩、电线覆皮
聚氨酯树脂	PU	仪表板、转向盘、车门扶手、遮阳板、密封条、头枕
ABS 树脂	ABS	仪表板、控制箱、灯壳、挡泥板、变速杆、散热器护栅
有机玻璃	PMMA	灯罩、油杯、镜片、遮阳板、标牌、油标
聚酰胺（尼龙）	PA	冷却风扇、滤网、把手、钢板弹簧销衬套、散热器副油箱
聚甲醛	POM	各种阀门、转向器衬套、万向节轴承、各种手柄及门销
酚醛塑料	PE	制动衬片、离合器摩擦片、分电器盖
聚碳酸酯	PC	保险杠、刻度板、壳体、水泵叶轮

二、橡胶

橡胶是一种高分子材料,它的弹性模量很低,伸长率很高(100%～1000%),具有优良的拉伸性能和储能性能。此外,其还有优良的耐磨性、隔音性和绝缘性。在机械零件中广泛用于制造密封件、减振件、传动件、轮胎和电线等。橡胶制品在汽车上主要用来制作轮胎和密封件,轮胎的质量不但关系到汽车的行驶安全还影响着汽车的动力性、经济性。橡胶密封制品的种类很多,最常用的有油封、O形圈、各种断面封圈、密封垫圈、隔膜、阀垫和密封胶条等。根据使用特点它们分为静态用和动态用(往复运动、旋转运动)两种。橡胶密封制品用于防止流体介质从一切机械、仪表中的静止部件或运动部件泄漏,并防止外界灰尘、泥沙及水分等侵入。

(一)橡胶的组成

橡胶是以生胶为基础再加入适量的配合剂制成的。

1. 生胶

生胶(生橡胶)按原料来源不同可分为天然橡胶和合成橡胶两类。

天然橡胶是以热带橡胶树中流出的胶乳为原料,经过凝固、干燥、加压等工序制成的片状固体,其单体为异戊二烯。

合成橡胶是用化学合成的方法制成的、与天然橡胶性质相似的高分子材料。合成橡胶的品种很多,如丁苯橡胶、氯丁橡胶等。

2. 配合剂

配合剂是为了提高和改善橡胶制品的性能而加入的物质,如硫化剂、防老剂、软化剂和填充剂等。硫化剂的作用类似热固性塑料中的固化剂,天然橡胶常以硫磺作硫化剂,并加入氧化锌和硫化促进剂加速硫化,以缩短硫化的时间。加入硬脂酸、精制石蜡及一些油类等软化剂,可增加橡胶的塑性,改善其黏附力。加入炭黑、氧化硅、陶土、硫酸钡及滑石粉等填充剂,可以增加橡胶制品的强度,降低成本。

(二)橡胶的种类及应用

橡胶按原料来源不同分为天然橡胶、合成橡胶和再生橡胶三大类。

1. 天然橡胶

它是橡胶工业中应用最早的橡胶,是指以天然生胶制成的橡胶材料,属于通用橡胶。天然橡胶的综合性能好,有较好的弹性。天然橡胶具有较好的力学性能和耐碱性能,但耐老化性差,不耐浓强酸、不耐油、不耐高温,使用温度在-70～110℃范围内。天然橡胶广泛用于制造轮胎、胶带和胶管等。

2. 合成橡胶

它是用石油、天然气、煤和农副产品为原料,通过有机合成方法制成单体,经聚合制成类似天然橡胶的高分子材料。合成橡胶分为通用合成橡胶和特种合成橡胶。常用的通用合成橡胶有丁苯橡胶、氯丁橡胶和顺丁橡胶,是汽车工业的重要材料。汽车常用橡胶的种类、代号、性能及用途如表5-15所示。

单元五 汽车燃料、润滑剂、工作液及非金属材料

汽车常用橡胶的种类、代号、性能和用途　　　　　表5-15

类别	品种(代号)	性能	用途
通用橡胶	天然(NR)	耐磨性好	轮胎,胶带,胶管
	丁苯(SBR)	耐磨、耐候、耐油、耐老化、耐热	轮胎,通用制品,胶板,胶布
	顺丁(BR)	弹性、耐磨性、耐寒性好	电线覆皮,减振器,内胎,橡胶弹簧
	氯丁(CR)	物理化学性能好、耐候性好	胶管,胶带,汽车门窗嵌条,密封件
	异戊(IR)	绝缘性好、吸水性低	胶管,胶带
	丁基(JIR)	气密性好、耐酸碱、吸振	内胎,防振件,防水胎
特种橡胶	聚氨酯(UR)	耐磨、耐油性好、强度高	耐油胶管,垫圈,实心轮胎,耐磨制品
	硅橡胶(Q)	绝缘、耐高、低温(-100~300℃)	耐高、低温件,绝缘件
	氟橡胶(FPM)	耐高温、耐蚀、耐辐射、高真空性	耐蚀件,高真空件,高密封件
	丙烯酸酯(ACM)	耐油、耐候、耐老化	油封,皮碗,火花塞护套

3. 再生橡胶

再生橡胶是用废旧橡胶制品经再加工而成的橡胶材料。再生橡胶强度较低,但有良好的耐老化性,且加工方便、价格低廉,常用作橡胶地毯、各种封口胶条等。

三、其他非金属材料

除了橡胶和塑料,合成纤维、胶黏剂、涂料、陶瓷、玻璃、复合材料等其他非金属材料在汽车上也得到广泛的使用。

1. 合成纤维

合成纤维是以石油、天然气、煤和石灰石为原料,经过提炼和化学反应合成高分子化合物,再将其溶解后纺丝制得的纤维。常用合成纤维有聚酯纤维(涤纶)、聚酰胺纤维(锦纶)、聚丙烯腈纤维(腈纶)、聚乙烯醇纤维(维纶)、聚丙烯纤维(丙纶)和聚氯乙烯纤维(氯纶),统称为六大纶。纤维材料在汽车上多用于内部装饰,使用部位主要有座椅罩布、顶棚、地毯、车门内护板饰面、行李舱护板饰面等。

2. 胶黏剂

胶黏剂又称黏合剂或胶,是能把两个固体黏接在一起并在接合处有足够强度的物质。胶黏剂一般是以聚合物为基本组分的多组分体系,包括黏性料、固化剂、填料、溶剂和其他辅料。胶黏剂根据黏性料的化学成分分为无机胶和有机胶,按主要用途分为结构胶、非结构胶和特种胶。胶黏剂和密封胶在汽车的防振、防漏、防松、隔热和降噪等方面起着重要的作用。我国每辆汽车上胶黏剂和密封胶的用量约为30kg,其中车身用胶量居首位。在我国已开发并应用与生产中的胶黏剂有点焊密封胶、焊缝密封胶、折边密封胶、风窗密封胶黏剂等40余种。

3. 涂料

涂料是一种流动或粉末状态的有机物质,可以采用不同的工艺将其涂覆在物体表面上,形成黏附牢固、具有一定强度的连续固态薄膜,这样形成的膜通称涂膜,又称漆膜或涂层。涂料对所形成的涂膜而言是涂膜的半成品。涂膜包括成膜物质、颜料、溶剂、助剂。常用的汽车涂料包括漆前处理材料、涂料、漆后处理材料和辅助材料等。

4. 陶瓷

陶瓷是指以天然或人工合成的各种化合物为基本原料，经处理、成形、干燥、高温烧结而成的一种无机非金属固体材料。汽车上应用的陶瓷主要有普通陶瓷和特种陶瓷。

普通陶瓷（传统陶瓷）是以天然硅酸盐矿物为原料，经配制、烧结而成的产品。这类陶瓷质地坚硬，耐腐蚀，不导电，易于加工成型，是应用广泛的传统材料，在汽车上常用作发动机火花塞。

特种陶瓷（新型陶瓷）是以氧化物、碳化物、氮化物和硼化物等纯度较高的人工合成原料为原料，经配制、烧结而成的具有独特的力学、物理和化学性能的陶瓷。特种陶瓷按使用性能分为工程陶瓷和功能陶瓷。工程陶瓷是近年来大力开发研究的新型工程材料。氧化铝陶瓷又称刚玉瓷，是应用最广的工程陶瓷，其典型用途为火花塞绝缘体，还可用作发动机活塞、汽缸套、凸轮轴、柴油机喷嘴等汽车零件。

5. 玻璃

玻璃是由石英砂等硅酸盐矿物材料经配料、熔制而成的非金属材料。玻璃具有透明、隔音、隔热等特性。据统计，轿车玻璃使用量约占总质量的3%。玻璃是汽车上具有重要功能的外装件。玻璃主要用作汽车车窗玻璃和风窗玻璃。常用的汽车玻璃有钢化玻璃和夹层玻璃。钢化玻璃是由普通玻璃经一定热处理后制成的，常用作汽车后窗和侧窗玻璃。夹层玻璃又称安全玻璃，是由两张以上的玻璃中间夹上有弹性的透明安全膜，经热压而成，多用作高级轿车的前风窗。此外，汽车玻璃正向轻量化、绝热、安全和多功能的方向发展，如后风窗采用的电热除霜玻璃，还有新型的天线夹层玻璃、调光夹层玻璃和热反射玻璃等。

6. 复合材料

复合材料是由两种或两种以上物理、化学性质不同的材料，经人工合成而成的多相固定材料。复合材料可以克服或改善单一材料的弱点，充分发挥其优点，并能得到单一材料不具备的性能和功能，例如玻璃和塑料的强度和韧性都不高，但它们组成的玻璃纤维增强塑料（玻璃钢）却有很高的强度和韧性，而且质量轻。复合材料在汽车上应用最多的为纤维增强型复合材料，纤维增强型复合材料之所以在汽车工业中应用广泛，是由于它能减轻汽车质量，降低能耗，提高载重能力。如纤维增强橡胶制成的轮胎；玻璃纤维增强塑料制成的通风和空调系统文件、空气滤清器壳、汽车灯罩、仪表壳罩、发动机舱盖、行李舱盖、座椅架等；碳纤维增强塑料制成的传动轴、钢板弹簧、保险杠等；无机纤维塑料制成的制动摩擦片、离合器片、电热水箱等。层叠复合材料在汽车中也有应用，如汽车前窗玻璃一般要求用夹层玻璃。有些汽车中用金属粉与陶瓷粉烧结所得复合材料制成制动摩擦片。此外，近年来金属基复合材料、陶瓷基复合材料也得到了长足的发展，如纤维增强金属基复合材料制成的活塞环，氮化硅陶瓷基复合材料制成的发动机涡轮增压器等。随着复合材料研究的不断深入，它在汽车上的应用会越来越多。

参考文献

[1] 吴宗泽. 机械设计师手册[M]. 北京:机械工业出版社,2002.
[2] 劳动和社会保障部. 机械基础[M]. 北京:中国劳动社会保障出版社,2001.
[3] 许福玲,陈尧明. 液压与气压传动[M]. 北京:机械工业出版社,2001.
[4] 韩二锋,汪国樑. 汽车机械基础[M]. 西安:西北工业大学出版社,2015.
[5] 周燕. 汽车材料[M]. 北京:人民交通出版社,2009.
[6] 刘胜新. 实用金属材料手册[M]. 北京:机械工业出版社,2011.